保育実習指導の
ミニマム
スタンダード

Ver.
2

「協働」する保育士養成

一般社団法人全国保育士養成協議会 編集

中央法規

巻頭言

　保育士養成課程の中核をなす「保育実習」の目的は、半世紀を超える時間の流れの中で一度も変更されることなく以下のとおり示されている。

　「保育実習は、その習得した教科全体の知識、技能を基礎とし、これらを総合的に実践する応用能力を養うため、児童に対する理解を通じて保育の理論と実践の関係について習熟させることを目的とする」

　他方、保育実習を取り巻く環境は絶えず、大きく変化し続けている。近年の主要な法制度だけをとりあげても、子ども・子育て支援法の施行や児童福祉法の改正、保育所保育指針の改定が行われ、それらに対応するため保育実習実施基準も見直された。

　全国保育士養成協議会ではこうした環境の変化に対応した保育実習の実現のため、保育士養成施設の保育実習の指導に関する調査研究事業を積み重ねてきている。この積み重ねを活かし、新しい保育実習指導のミニマムスタンダードの策定を行うべく増田まゆみ先生を中心に委員会を設置し、全国の保育士養成校および実習指導者と現場の施設実習指導者の参加を得て協働の関係を形成する努力をしながら、本書の発刊に至った。

　本書の表題は「保育実習指導のミニマムスタンダード Ver.2『協働』する保育士養成」とさせていただいた。これには時代状況の変化、養成校側での実習指導に対する改革もふまえ、2007（平成 19）年に発表したミニマムスタンダードの改定版というより、新たな流れを作り出したいとの願いが込められている。

　本書ではまず、第 I 部で実習指導の意義とミニマムスタンダード策定の意義を示し、第 II 部の STEP1 から STEP3 で保育実習の具体的内容について述べ、第 III 部、第 IV 部において課題、目指す方向、養成校に対する期待などを述べている。

　「保育実習」「保育実習指導」は保育士養成の要であり、保育者としての魂を育成する最も大切な要素である。養成校の実習指導者と受け入れ先の実習施設が協働して実習指導にあたる道を更に深めていくことが求められている。多様な保育現場で働く保育士の養成が現場と乖離していることは許されない。本会理事会において承認された 2018（平成 30）年度の事業計画に示している基本方針のなかで、「施設実習担当職員及び実習指導担当教員の認定・評価システムの検討と実施に向けて更に努力をして参りたい」と記している。この作業を起点として、実習指導に関するカリキュラムを構成し、養成校側の実習指導者の研修、実習施設側の指導者研修を共に実施する体制を整えていくことが求められる。

　末筆ながら、本書が保育実習に携わる先生方の一助になることを祈念するとともに、本書の発刊にお力を貸してくださった皆様に心からのお礼を申し上げる。

2018 年 5 月　一般社団法人全国保育士養成協議会会長　山崎美貴子

もくじ

巻頭言
もくじ

第 I 部　実習指導の理念とミニマムスタンダード策定の意義

1 実習指導の理念 ·· 2
2 ミニマムスタンダード策定の目的と意義 ···················· 5
3 保育実習実施基準の変遷 ······································· 13
4 用語の説明 ··· 39

第 II 部　STEP1　制度の現状と規定

1 保育実習の目的 ··· 42
2 履修の方法 ··· 43
3 実習の計画 ··· 45
4 実習施設の選定と訪問指導 ····································· 46
5 実習施設の根拠法令 ·· 48

第 II 部　STEP2　全国保育士養成協議会としてのミニマムスタンダード

1 実習指導（保育所等）·· 58
　1 保育実習指導 I （保育所等）における事前・事後の指導 ··········· 58
　2 保育実習指導 II （保育所等）における事前・事後の指導 ·········· 68
2 実習指導（施設）·· 76
　1 保育実習指導 I （施設）および保育実習指導IIIにおける事前・事後の指導 ······ 76
　2 保育実習指導IIIにおける事前・事後の指導 ····················· 90
3 「保育実習 I （保育所）」と「保育実習 II 」···················· 93
　1 「保育実習実施基準」に示される保育実習の目的と履修の方法等 ······· 93
　2 「保育実習 I （保育所）」と「保育実習 II 」の考え方 ············· 96
　3 実習プログラム ··· 100
　4 実習日誌の作成 ··· 106
4 「保育実習 I （施設）」と「保育実習III」··················· 109

1 保育実習Ⅰ（施設）‥‥‥‥‥‥‥‥‥‥‥‥‥‥‥‥‥‥‥‥109

2 保育実習Ⅲ‥‥‥‥‥‥‥‥‥‥‥‥‥‥‥‥‥‥‥‥‥‥115

5 訪問指導‥‥‥‥‥‥‥‥‥‥‥‥‥‥‥‥‥‥‥‥‥‥‥119

1 実習における訪問指導の位置づけ‥‥‥‥‥‥‥‥‥‥‥‥119

2 訪問指導の方法‥‥‥‥‥‥‥‥‥‥‥‥‥‥‥‥‥‥‥124

3 訪問指導の内容‥‥‥‥‥‥‥‥‥‥‥‥‥‥‥‥‥‥‥126

4 訪問指導記録‥‥‥‥‥‥‥‥‥‥‥‥‥‥‥‥‥‥‥‥129

6 実習評価‥‥‥‥‥‥‥‥‥‥‥‥‥‥‥‥‥‥‥‥‥‥‥135

1 実習評価の考え方‥‥‥‥‥‥‥‥‥‥‥‥‥‥‥‥‥‥135

2 保育実習の評価‥‥‥‥‥‥‥‥‥‥‥‥‥‥‥‥‥‥‥137

3 実習評価票‥‥‥‥‥‥‥‥‥‥‥‥‥‥‥‥‥‥‥‥‥138

4 保育実習指導の評価‥‥‥‥‥‥‥‥‥‥‥‥‥‥‥‥‥149

5 学生の自己評価‥‥‥‥‥‥‥‥‥‥‥‥‥‥‥‥‥‥‥149

第Ⅱ部 STEP3 | 発展的・先駆的事例‥‥‥‥‥‥‥‥‥‥151

第Ⅲ部 課題、目指す方向（専門委員会報告を基に）‥‥‥161

第Ⅳ部 養成校への期待、連携

1 保育所から‥‥‥‥‥‥‥‥‥‥‥‥‥‥‥‥‥‥‥‥‥170

2 児童養護施設から‥‥‥‥‥‥‥‥‥‥‥‥‥‥‥‥‥‥175

3 知的障がい関係施設から‥‥‥‥‥‥‥‥‥‥‥‥‥‥‥179

資料‥‥‥‥‥‥‥‥‥‥‥‥‥‥‥‥‥‥‥‥‥‥‥‥‥‥‥‥185

おわりに

保育実習指導のミニマムスタンダード 編集委員

第 I 部

実習指導の理念と
ミニマムスタンダード策定
の意義

1 実習指導の理念

1 はじめに

　国の保育実習実施基準（「指定保育士養成施設の指定及び運営の基準について」（平成15年12月9日雇児発第1209001号）別紙2）は、その第1で、保育実習の目的を以下のように定めている。

　「保育実習は、その習得した教科全体の知識、技能を基礎とし、これらを総合的に実践する応用能力を養うため、児童に対する理解を通じて、保育の理論と実践の関係について習熟させることを目的とする」

　この目的を達成させるうえで、考慮すべき重要な理念、特に原則について、以下に述べていきたい。

1 実習指導の理念

1 座学と実学の往還性の原則

　保育は、医療、看護、福祉、教育などと同様に、対人関係における適切な現実的対応が求められる専門的業務である。これらに従事する専門職者の養成にあたって共通する課程として、座学と実学の往還を通して、その専門性を確実に習得するプロセスが必要不可欠である。つまり、座学を通して習得される知識や技術、技能に関する理論を、実学を通して実践的に照合し、応用し、適用し、検証し、理論を確認・補強・補正し、ときには修正する学びの課程である。それぞれの固有の専門性は、座学のみでの習得は不可能であり、また実学のみでも不可能である。その往還性の原則が、実習の最も重要な理念として考慮されなければならない。

　実学による実習体験、つまり、観る、聴く、話す、かかわる、応用・適用する、予測する、計画する、省察する、評価するなどの体験の積み重ねは、本書に示されているように、周到に計画され準備された実習の体系、つまり実習の事前指導、実習の諸段階、実習指導、事後指導なくして有効にその往還性の機能を発揮することが難しい。それが機能しているとき、座学のみでは得ることのできない実質的な子ども理解と支援、保護者理解と支援を深める多様な機会をもつことができ、実習体験の積み重ねによって、保育や支援にあたっての個別的、総合的な予測、判断、決断と実行、責任の自覚、自己評価の意義を把握し、

保育士としての成長の実感を伴う経験をもつことができるであろう。

❷ 実践重視の原則

　座学と実学の往還性を通した応用力、適用力を身につける経験の貴重さは、単に理論や知識や技術、技能の確認にとどまらない。たとえば、2017（平成29）年に改定された保育所保育指針は、「第1章　総則－1　保育所保育に関する基本原則－(1)　保育所の役割」のエで、次のように述べている。

> 「保育所における保育士は、児童福祉法第18条の4の規定を踏まえ、保育所の役割及び機能が適切に発揮されるように、倫理観に裏付けられた専門的知識、技術及び判断をもって、子どもを保育するとともに、子どもの保護者に対する保育に関する指導を行うものであり、その職責を遂行するための専門性の向上に絶えず努めなければならない」

❸ 保育の理念との照合

　この規定は、保育士が従事する他のいかなる施設の職責においても共通する重要な原則である。実習においては、とりわけ、「倫理観に裏付けられた専門的知識、技術及び判断をもって、保育や保護者への支援にあたる業務」、中でも「倫理観に裏付けられた業務」、そして「判断を求められる業務」の専門性は、じかに、待ったなしに直面することが多く、それらを相応に積み重ねることによって得られるものであり、座学のみによる学びでは得られない内容である。

　また、社会人としてのマナーも含め、保育士として身につけるべきマナー、身だしなみ、そして倫理観、職員との連携の力、組織としての保育力を身につける学びは、実践を通して、より深く磨かれていく性質のものである。

　座学と実学との往還を通して、その専門性を確実に習得するプロセスは、保育とは何か、保育士とは何かを確かめ、その意義を深める実に多くの機会を提供してくれる。実習の体験を積み重ねていくことにより、保育士をはじめとする施設職員の保育や保護者に対する支援を観察し、その実際を体験することによって、その重さや厳しさも実感するとともに、ときには保育の真髄を垣間見ることができる。実習体験は、保育の意義、保育士の職責を確認するプロセスとして多くの可能性をもち、保育の専門性や保育の価値に関する具体的確認ととともに、保育者としてのアイデンティティ形成の端緒を提供してくれる。

　以上のことは、学生のみならず、教員や施設の指導担当職員が学生の実習と深くかかわるプロセスにおいても、実感し自ら保育の意義や保育士の職責を再確認する機会としても重要である。教員の日常の授業、実習の事前指導、実習訪問指導、事後指導を通して、また、施設職員が実習指導を担う様々な場面を通して、気づきや再学習を経験できる機会で

もある。座学と実学の往還性から学び取る機会は、学生に限らずまさに教員や施設職員にも多様に提供されている。

❹ 子どもの最善の利益を考慮する保育の原則

2016（平成28）年6月、70年近くにわたって改正されることのなかった児童福祉法の理念が改められ、その第1条および第2条は、即日施行された。その内容は、以下のように、子どもの権利を重んじ、子どもの最善の利益を考慮することを明記している。

【児童福祉法】

第1条　全て児童は、児童の権利に関する条約の精神にのっとり、適切に養育されること、その生活を保障されること、愛され、保護されること、その心身の健やかな成長及び発達並びにその自立が図られることその他の福祉を等しく保障される権利を有する。

第2条　全て国民は、児童が良好な環境において生まれ、かつ、社会のあらゆる分野において、児童の年齢及び発達の程度に応じて、その意見が尊重され、その最善の利益が優先して考慮され、心身ともに健やかに育成されるよう努めなければならない。

② 　児童の保護者は、児童を心身ともに健やかに育成することについて第一義的責任を負う。

③ 　国及び地方公共団体は、児童の保護者とともに、児童を心身ともに健やかに育成する責任を負う。

特に、第1条および第2条第1項の理念は、保育の専門性と不可分のものである。保育所および児童養護施設など、保育士の保育が中心となって営まれる施設では、子どもの権利や子どもの最善の利益を重視する営みがなされるように努力されてきた。この保育士の専門性としての倫理観に裏づけられた"専門的知識、技術、判断"の重要性を実践的に学ぶ機会は、座学の場よりも実学たる実習の場において、より深く提供されているといえよう。その学びは、保育士の人間観、子ども観、保育観の形成・再形成とも深く結びついている。

2 ミニマムスタンダード策定の目的と意義

1 ミニマムスタンダード（2005年版）策定の目的と意義

　2005（平成17）年9月に作成された報告書「効果的な保育実習のあり方に関する研究Ⅲ～保育実習指導のミニマムスタンダード～」（以下、2005年版報告書）では、「研究の目的」として「全国の保育士養成施設及び実習指導が共有する実習指導の標準的事項（ミニマムスタンダード）を策定し、保育実習指導の一層の発展・充実に貢献すること」と述べている。また、ミニマムスタンダード策定は、2つの機能、すなわち、「第1に保育士養成施設における実習指導の標準的な事項の共有による養成教育の自己点検・評価」と、「第2に実習施設における実習指導員との理念の共有」が示されている。

　ミニマムスタンダード策定の背景として、「2003年、厚生労働省雇用均等・児童家庭局長名での『保育士養成施設の指定及び運営の基準』※で示す『保育実習』の目標・ねらい等は、きわめて簡明であり、養成校の実習指導者がみずからの行う教育・指導の独自性や有効性を判断するための基準として機能させるには十分とはいえない」としている。

※指定保育士養成施設の所長は、各学年度の始めに、実習施設その他の関係者と協議を行い、その学年度の保育実習計画を策定するものとし、この計画には、全体の方針、実習の段階、内容、施設別の期間、時間数、学生の数、実習前後の学習に対する指導方法、実習の記録、評価の方法等が明らかにされなければならないものとする。

　さて、同報告書での「保育実習指導の自律性は、養成校及び実習指導者の意識や行動を暗黙のうちに規定する原理となっている」という指摘は重要である。また、「保育士養成課程にみる専門性の広域化、保育士養成校の量的拡大、そこに入学してくる学生の生活体験の変質・変容等、保育実習指導の前に立ちはだかる問題の位相は多様かつ重層的である。このような状況のもと、学生に対し、保育士の専門領域・技能等を正確に伝達・伝承していくためには、養成校が従来のスタンスのまま固有のディシプリンの中に閉じこもるのではなく、進んで実習指導の基礎的条件を整備し、その標準的な事項を共有していくことが不可欠である」という指摘もしている。こうした背景により、養成校と実習施設の意見を収集し、熟議し、まとめられたのが、全国の保育士養成校および養成校の実習指導者が共有する標準的事項（ミニマムスタンダード）であった。その後、2007（平成19）年9月には「保育実習のミニマムスタンダード～現場と養成校が協働して保育士を育てる」が全国保育士養成協議会編で刊行され、多くの保育実習指導教員により指導の基本として活用

されてきた。

2 2005年9月以降の保育士養成をめぐる状況の変化と ミニマムスタンダード改正の要望

1 保育所保育指針の改定（2008年、2017年）・保育士養成課程の改正（2010年、2018年）等の変化

　ミニマムスタンダードの発表から10余年が経過し、2度にわたる保育指針の改定（2008（平成20）年：それまでの局長通知から幼稚園教育要領と同様、大臣告示へと大きく変化、13章編成から7章編成と大綱化。2017（平成29）年：幼稚園教育要領、幼保連携型認定こども園教育・保育要領とこれまで以上に整合性を図られた）および保育士養成課程の改正など、保育界や学生をめぐる状況はさらに激しく変動しており、これらを反映したミニマムスタンダードの改正が求められた。2010（平成22）年の「保育士養成課程等の改正について（中間まとめ）」に提示された保育実習に関連した内容は下記のとおりである。

　「保育実習Ⅰ」「保育実習指導」計5単位を「保育実習Ⅰ」4単位と「保育実習指導Ⅰ」2単位とする。また、選択必修科目である「保育実習Ⅱ又はⅢ」にも「保育実習指導Ⅱ又はⅢ」の1単位を加える。

　保育実習における事前事後指導の充実により実習による学びを強化させ、効果的学習を行うことができるようにするため、3回の保育実習のそれぞれに実習指導を行うこととする。

⑥保育実習Ⅰにおける実習受け入れ施設の範囲や要件の見直し

　養成施設の増加に伴う学生の増加や居住型児童福祉施設の減少と通所型児童福祉施設が増加している状況、また、地域における通所型児童福祉施設で学ぶことの意義などを踏まえ、保育実習Ⅰにおける「居住型児童福祉施設等」での実習を居住型に限定せず、障害児通所施設等を含めることにする。

　保育実習の重要性が再認識され、実践力のある保育士養成を目指し、2年制養成を基盤とすることから保育士養成課程の総単位数は増やさないという方針の中で、実習指導が2単位増えたのである。2011（平成23）年入学生より、改正保育士養成課程を反映した保育実習の実施体制等が求められ、各養成校が取り組んでいる。

　ついで2017年告示の保育指針改定のポイントは、5点である。

　1）乳児・1歳以上3歳未満児の保育に関する記載の充実

2）保育所保育における幼児教育の積極的な位置づけ

3）子どもの育ちをめぐる環境の変化を踏まえた健康および安全の記載の見直し

4）保護者・家庭および地域と連携した子育て支援の必要性

5）職員の資質・専門性の向上

この改定を基盤に、保育士養成課程の見直しがはじまり、より実践力のある保育士の養成に向けて、2017（平成29）年12月には「保育士養成課程の見直しについて（検討の整理）」が公表された。

検討の整理の中で、「各指定保育士養成施設の創意工夫により、質の高い養成課程を編成し、効果的・効率的な教育が実施できるよう、検討に当たっては、以下の点に留意した」と述べられ、3つの観点が示されている。1つめは、「保育士養成課程を構成する教科目全体の体系化・構造化、それによる各教科目の位置づけや教科目間の関連性の明確化」、2つめは「保育所等の保育関係施設のみならず、児童養護施設や障害児支援関係施設を含めた保育士が勤務する多様な施設を念頭に置いた、子ども（18歳未満）および家庭（保護者等）への支援の実践」、3つめは「子どもや家庭を取り巻く状況が多様化・複雑化する中において、保育の専門職としての継続的なキャリアアップや、他の専門職（医師、看護師、栄養士等）等との連携・協働の必要性を踏まえ、現行の履修総単位数（68単位）を維持しつつ、養成施設卒業時（保育士資格取得時）に習得すべき内容が過度にならないような配慮」である。具体的な見直しの方向性は図1-1のとおりである。

保育実習実施基準に関しては、保育実習に関する計画を指定保育士養成施設と実習施設との間で共有することと、指定保育士養成施設および実習施設、それぞれにおける実習指導者に関する具体的用件を明示することが示された。

この見直しの方向性と2017（平成29）年度に全国保育士養成協議会が実施した「保育実習の効果的な実施方法に関する調査研究」の成果等を踏まえ、2018（平成30）年に保育士養成課程の見直しが行われた。新しい基準に基づき、各養成校の特性を発揮した対応が求められる。なお、保育実習実施基準の具体的な改正内容については34頁を参照されたい。これを見ると、保育実習を核にした保育士養成において、養成校と保育現場が協働して取り組むことを可能にするものとして、2005年版ミニマムスタンダードが機能したといえよう。2018（平成30）年施行の保育指針、幼稚園教育要領、そして幼保連携型認定こども園教育・保育要領ともに「協働」は、重要な要素として提示されている。その際、問われるのが、実習指導者（養成校・現場）が指導者として必要な要件を充足しているか、ということである。新たなミニマムスタンダードに即して、実習指導を担うために、その要件の明確化と資質向上に向けた研修の整備が求められる。

図 Ⅰ-1 保育士養成課程に関する「具体的な見直しの方向性」

---

1. 乳児保育の充実

○基礎的事項（理念や現状、体制など）の理解を深めた上で、具体的な保育の方法や環境の構成等を学び、保育の実践力を習得させる。

【教科目の新設・教授内容等の充実】
「乳児保育（演習２単位）」→「乳児保育Ⅰ（講義２単位）」
「乳児保育Ⅱ（演習１単位）」

---

2. 幼児教育を行う施設としての保育の実践

○保育の計画から評価・改善に至る過程を習得させる。

【教科目名・教授内容等の変更】
「保育課程論（講義２単位）」→「保育の計画と評価（講義２単位）」

○「育みたい資質・能力」及び「幼児期の終わりまでに育ってほしい姿」を念頭に置き、子どもの生活や遊びが充実するよう援助する力を習得させる。

【教科目名・教授内容の変更】
「保育の表現技術（演習４単位）」→「保育内容の理解と方法（演習４単位）」

3.「養護」の視点を踏まえた実践力の向上

○子どもの発達、学びの過程や特性に関する内容を体系的に理解させるとともに、子どもと家庭に関して包括的に理解させる。
　※関連する教科目（『保育の心理学Ⅰ』、『子どもの保健Ⅰ』や『家庭支援論』）の再編成

【教科目の整理・再編】
「保育の心理学Ⅰ（講義２単位）」→「保育の心理学（講義２単位）」
「子ども家庭支援の心理学（講義２単位）」

【教授内容等の変更】
「子どもの保健Ⅰ（講義４単位）」→「子どもの保健（講義２単位）」
　（※保育における保健的対応に関する基礎的事項を習得する教科目として再編）

○子どもの理解とそれに基づく援助について、より実践的な力を習得させる。

【教授内容等の充実・教科目名の変更】
「保育の心理学Ⅱ（演習１単位）」→「子どもの理解と援助（演習１単位）」

○保健的観点に基づく保育の環境整備や心身の健康・安全管理の実施体制など、実践的な力を習得させる。

【教授内容等の充実・教科目名の変更】
「子どもの保健Ⅱ（演習１単位）」→「子どもの健康と安全（演習１単位）」

---

4. 子どもの育ちや家庭への支援の充実

○子育て家庭への支援に関して総合的な力を養うため、以下に関して、現行の教科目を再編し、体系的に習得させる。
　・子ども家庭支援の基本となる事項
　　（意義や役割、保育士としての基本姿勢、支援の体制・内容など）
　・保育の専門性を活かした子育て支援の実践的な事項
　　（保育士の行う支援の方法論、援助の過程、事例検討など）

【教科目の再編・整理】
「家庭支援論（講義２単位）」　　「子ども家庭支援論（講義２単位）」
「相談援助（演習１単位）」　→「子育て支援（演習１単位）」
「保育相談支援（演習１単位）」　「子ども家庭支援の心理学（講義２単位）」

【教科目名の変更】
「児童家庭福祉（講義２単位）」→「子ども家庭福祉（講義２単位）」

---

5. 社会的養護や障害児保育の充実

○子どもとその家庭の理解を踏まえ、理念や制度等の基礎的事項と援助に当たり必要となる実践力を効果的に習得させる。

【教科目名・教授内容等の変更】
「社会的養護（講義２単位）」　　→「社会的養護Ⅰ（講義２単位）」
「社会的養護内容（演習１単位）」→「社会的養護Ⅱ（演習１単位）」

○障害児保育に関して、地域社会への参加・包容（インクルージョン）や合理的配慮等の基本的な考え方、対象となる子どもの特性、家庭と連携した援助などの内容をより具体的に理解させる。

【教授内容等の充実】　　「障害児保育（演習２単位）」

---

6. 保育者としての資質・専門性の向上

○キャリアパスを見据え、より組織的な運営の下で継続して保育者としての専門性の向上を図ること等の重要性を理解させる。

【教授内容等の充実】　　「保育者論（講義２単位）」

2 子ども・子育て支援新制度等国の施策・規定等の変化

さらに、2015（平成27）年の子ども・子育て支援新制度の施行等、国の保育政策は大きな変換の時期を迎えている。子ども・子育て支援新制度では、すべての子どもを対象とし、施設等の量と質の確保を基本理念として掲げている。また、児童虐待の増加、発達障害児の増加等大きく変化する状況から、社会的養護、障害児・者、地域の子育て支援の拠点となる施設等の運営指針等の改正に基づく実習指導が求められる。保育所実習の対象施設についても、2015（平成27）年の保育実習実施基準の改正により「幼保連携型認定こども園」と「小規模保育Ａ・Ｂ型及び事業所内保育事業」が加わった。保育所以外のこれらの種別での実習も含めて、養成校の対応が求められている。

また、実習施設選定の留意点として、「保育所の選定に当たっては、乳児保育、障害児保育及び一時保育等の多様な保育サービスを実施しているところで総合的な実習を行うことが望ましい」と示されていることをふまえて、実習で学ぶ多様な保育サービスとは何かについても事前指導、事後指導で明確にすることが必要である（以下、保育所、幼保連携型認定こども園、小規模保育Ａ・Ｂ型および事業所内保育事業を総称して「保育所等」と表記する）。

3 養成校の増加と多様化する実習指導

こうした状況の中で、保育所等施設数の増加に対応する保育士の確保は、他の職種に比較した処遇の低さ等により、慢性的に不足し、社会的課題とされている。社会の関心の高まりは、保育士数の拡大に結びつき、さらに、保育の質の維持、向上、保育士の専門性の向上に一層の関心が向けられつつある。

この間、養成校数も増加し、2005年版報告書には「2005年、全国保育士養成協議会に加盟する養成校が382校」とされていた。また、前述の「保育士養成課程等の改正について（中間まとめ）」には、「保育需要の拡大に伴い、養成施設が増えている（2003（平成15）年：415か所、2009（平成21）年：583か所）。このうち大学が37％、短期大学が45％、専修学校等が18％となっており、特に、大学での保育士養成が年々増加している」としている。

なお、2017（平成29）年4月の養成校は、全国で669校である。（そのうち、全国保育士養成協議会の会員となっているのは521校（短期大学215校・大学213校・専修学校等93校））である。また、2016（平成28）年度に、養成校において、保育士養成課程を修了した者4万2,597名（短期大学2万4,244名・大学1万2,822名・専修学校等5,330名）、試験合格者（2万3,690名）と、多くの保育士を輩出している。

養成校の実習に関する取り組みの多様性については、すでに、2005年版報告書において「学生が保育の実践を観察・体験することで、専門職の目的・価値・倫理などについての理解と自覚を深め、保育者としての使命感や実践力の基礎を身につける場として機能するものである。それゆえ、養成校における実習指導のプログラムは綿密かつ系統的に設計されており、経験と実践に基づく知識の統合を図り、学生が課程の目的を達成できるように、様々な支援の取り組みが行われている」と述べられている。

3 より質の向上をめざす 2017 年改正版 ミニマムスタンダード策定の意義

実習指導の状況も養成校が増加、多様化・高度化する中で、真に保育の質を確保した保育士資格取得にあたって、実習指導の重要性とそのあり方に関する議論が深まり、全国保育士養成協議会専門委員会における保育士養成、保育実習にかかわる研究を経て、実習指導のミニマムスタンダードの再点検が進んでいった。

このような結果、前報告書の「実習指導の標準的な事項の共有による養成教育の自己点検・評価のため」という目的を、さらに次の段階へと指向すると、制度等さまざまな変化への対応と養成校そのものの多様性を反映した、2005年版ミニマムスタンダードの改正版の策定の意義は大きい。

4 養成校教員相互、養成校と実習施設相互の 連携・協働による実習指導

保育実習の効果は、養成校教員とりわけ実習指導者、実習施設と施設長、実習指導担当職員とりわけ保育士との緊密な連携・協働の如何によって左右される。座学と実学の往還性は、その連携・協働を前提として成り立っている。その連携のもとで実習に臨む学生は、座学と実学の往還の意義、そして座学では得られない実践の意義を深く学び取ることができる。

本書に示すミニマムスタンダードは、記述されている相当部分が、養成校と実習施設の連携・協働と直接的・間接的に結びついていることを認識したい。

5 ミニマムスタンダードの３段階での提示

本書においては、多様化する養成校、学生、施設での保育実習をより効果的なものとするために、ミニマムスタンダードのステップを以下の３つに分けて明記することとした。

＜STEP 1：国の保育実習指導基準を十分に踏まえ、確実に実施する＞

資格取得のための不可欠の要件である厳格な実習に関する基準や実施体制は、その専門性や専門資格を担保することとなる。保育士資格においては、それを基本的に担保するミニマムスタンダードが、国が定める保育実習実施基準である。この保育実習指導基準を理解し、確実に遵守し、実施することが第１ステップである。

国のミニマムスタンダードは、他の関連領域の国家資格と比較して簡明であることは否めない。必ずしも綿密に、克明に示されているものではなく、養成校や実習施設の裁量、判断によって相違したり幅が見られたりする。それがミニマムスタンダードの水準を超えた方向であれば望ましいといえるが、その水準に達していないことが、保育士資格取得における質的相違をもたらすこととなる。

第１ステップの遵守は、本質的な義務として受け止める必要がある。

＜STEP 2：全国保育士養成協議会が設ける保育実習指導基準を理解し、確実に実施する＞

第１ステップをふまえたうえで、養成校会員で構成される全国保育士養成協議会が、より望ましい専門性や専門資格を担保するために、国の基準を超えて独自に考慮した水準を設け、養成校がそれを尊重し、実施することが、第２ステップである。各養成校あるいは各ブロックでは、すでに第２ステップに該当すると考えられるような様々な試みを続け、保養協の専門委員会における調査研究からも、そのような内容が示唆される実績が見られる。これを全国保育士養成協議会に加盟する養成校、ひいてはすべての指定保育士養成施設が参考とし、裁量して実施することが努力義務として位置づけられることが非常に望ましいと考える。

＜STEP 3：養成校における発展的・先駆的・モデル的水準にある内容を理解し、参考とし、質の維持向上を図る＞

実習指導に当たって、発展的、先駆的、モデル的な実践を進めている、あるいは試みている実習指導の内容が、保育士養成の質的水準の向上に寄与していることを認識し、多くの養成校がそれを尊重し、実施しあるいは独自の内容を発展的に進めることが、第３ステップである。

本書の内容は、総体的に、とりわけ第Ⅱ部において、この３つのミニマムスタンダー

ドの3段階を考慮して記述されている。

6 養成校と実習施設が連携・協働する実習にするために ～ミニマムスタンダード策定への現場の参画

　ステップ2、ステップ3の段階を視野におくと、どのような連携や協働が、またその質が学生の実習による学びに深く影響しているかを端的にイメージできるものが多い。たとえば、"実習前後の学習に対する指導方法"にどのような創意工夫が織り込まれているかによって、学生のモチベーションや成長の実感に相違がもたらされるであろう。また"実習の記録"、"評価の方法"にあたって必要不可欠な連携・協働を最低限実施するだけではなく、独自のあるいは有効な試みは多々見られる。

　2005年版報告書は、策定の目的の中で、以下のように記していた。

　「問題の位相は、養成校と実習施設との間で組織的に了解されている標準的事項が不在であることから、保育実習として共通に認識されるべきことがらと養成校が独自に立てたねらいなどが混同されやすく、それらを正確に峻別しながら、保育士がその専門領域・技術等を実習生に対し伝達・伝承していくことに支障が生じやすい状況にある。」

　本書では、第Ⅱ部において、養成校と実習施設とが共通に認識されるような方針や仕組みなどについて、実習施設の視点も含み述べられ、また第Ⅳ部において、実習施設からの養成校への期待、連携等を通して重要な視点が述べられている。

　以上、新たなミニマムスタンダードの策定の理念・目的・意義を十分にふまえ、本書を活用していただきたい。

3 保育実習実施基準の変遷

1 保育実習実施基準の変遷

1 1962（昭和37）年保育実習実施基準

　現在の保育実習実施基準のはじまりは、1962（昭和37）年まで遡り、各都道府県知事・各指定都市の市長宛に通知された「保母養成所における保育実習の実施基準等について」である。その別紙「保育実習実施基準」として示されている内容の一部を紹介する[1]。

第1　保育実習の目的

　保育実習は、その習得した教科全体の知識、技能を基礎とし、これらを綜合的に実践する応用的能力を養うため、児童に対する理解を通じて保育の理論と実践の関係について習熟させることを目的とする。

第2　履修の方法

① 実習種別・履修方法

＜実習種別＞

（1）　保育所

単位数：4単位　所要時間：180時間　おおむねの実習日数：20日

（2）　収容施設

単位数：4単位　所要時間：180時間　おおむねの実習日数：20日

（3）　学生が上記の保育所又は収容施設のうちから選択したいずれかの施設

単位数：2単位　所要時間：90時間　おおむねの実習日数：10日

備考1：収容施設とは、養護施設、精神薄弱児施設、盲ろうあ児施設、虚弱児施設、乳児院、し体不自由児施設、母子寮、情緒障害児短期治療施設及び教護院をいう。

　　　2：保育所における実習は、4に該当する場合を除き、3歳未満児を保育する保育

---

1 厚生省児童家庭局編（1965）『保母養成専門教科目教授内容ソースブック』財団法人児童福祉協会、pp.238-240

所を含め、2以上の施設にわたり履修させなければならない。

3：収容施設における実習は、養護施設を含め、2以上の施設種別にわたり履修させなければならない。

4：幼稚園教諭の養成を行っている保母養成所にあっては、教育実習4単位の履修をもって保育所における保育実習4単位を履修したものとみなして差し支えない。ただし、この場合においては、学生が選択する2単位については、保育所（3歳未満児を保育する施設を含めるものとする。）について行わなければならない。

5：「所要時間数」の履修については、1日9時間（1時間には少なくとも45分以上の実時間を充てるものとする。）を目標として行なうものとする。「おおむねの実習日数」の欄は、この場合の所要日数を示したものである。

② 保育実習を行う児童福祉施設等及びその配当単位数は、保母養成所長が定めるものとする。

③ 保育実習を行う時期は、原則として第2学年の期間内とし、夏季、冬季等の所定の休日の過半数をこえてこれに充ててはならないものとする。また、保育実習は児童福祉施設等において行われるものに限られるから、修学旅行、夏季キャンプ等の時間を単位に算入することはできないものとする。

④ 実習施設に1回派遣する実習生の数は、その実習施設の規模、人的組織等の指導能力を勘案して定めるものとし、多人数にわたらないようにとくに留意を払うものとする。

⑤ 保母養成所長は、毎学年度のはじめに実習施設その他の関係者と協議を行ない、その学年度の保育実習実施計画を策定するものとし、この計画には、全体の方針、実習の段階、内容、施設別の期間、時間数、学生の数、実習前後の学習に対する指導方法、実習の記録、評価の方法等が明らかにされなければならないものとする。

第3　実習施設の選定等

① 実習施設の選定に当たっては、実習の効果が指導者の能力に負うところが大であることにかんがみ、とくに施設長、保母等の人的組織を通じて保育についての指導能力が充実している施設のうちから選定するよう努めるものとする。なお、その施設の設備に比較的余裕のあること、実習生の交通条件等についても考慮を払うものとする。

② 保母養成所長は、教員のうちから実習指導者を定め実習に関する全般的な事項を担当させることとし、また実習施設においては、その長及び保母等のうちから実習指導者を定めるものとし、これらの実習指導者は相互に緊密な連絡を図り、保育実習の効果を十分発揮するように努めるものとする。

上記の保育実習実施基準の特徴としては以下の点があげられる。

○保育実習が合計単位数 10 単位の必修科目として設置されていること

○保育所実習、収容施設の単位がそれぞれ 4 単位であること

○実習の所要時間の規定があること

○いわゆる施設実習の種別が、すべて児童の施設であること

○いわゆる施設実習は、2 以上の種別にわたって履修すること

○幼稚園における教育実習が、保育所における実習 4 単位と読み替えが可能であること

2　1970（昭和 45）年保育実習実施基準

1962（昭和 37）年に示された保育実習実施基準は、1970（昭和 45）年に改正された。その内容の一部を以下に紹介する[2]。

第 1　保育実習の目的

保育実習は、その習得した教科全体の知識、技能を基礎とし、これらを綜合的に実践する応用的能力を養うため、児童に対する理解を通じて保育の理論と実践の関係について習熟させることを目的とする。

第 2　履修の方法

① 実習種別・履修方法

＜実習種別＞

［保育実習Ⅰ（専門科目甲類）］

単位数：4 単位　所要時間：180 時間　おおむねの実習日数：20 日

実習施設：乳児院、母子寮、養護施設、精神薄弱児施設、盲ろうあ児施設、虚弱児施設、肢体不自由児施設、重症心身障害児施設、情緒障害児短期治療施設、教護院及び保育所・・・・(A)

［保育実習Ⅱ（専門科目乙類）］

単位数：2 単位　所要時間：90 時間　おおむねの実習日数：10 日

実習施設：保育所・・・・(B)

---

2 厚生省児童家庭局編（1972）『保母養成専門教科目教授内容ソースブック』財団法人児童福祉協会、p.272-274

［保育実習Ⅲ（専門科目乙類）］

単位数：2単位　所要時間：90時間　おおむねの実習日数：10日

実習施設：（A）に掲げる保育所以外の児童福祉施設（以下「収容施設」という。）のほ
　　　　か精神薄弱児通園施設、児童厚生施設

＜履修方法＞

履修方法は、次により行うものとすること。

（1）　保育実習Ⅰ　4単位の履修方法は、保育所における実習2単位、及び収容施設
　　　　における実習2単位とする。

（2）　収容施設における実習は、養護施設を含め、3以上の施設種別にわたり履修させ
　　　　なければならない。

（3）　「所要時間数」の履修については、1日9時間（1時間には少なくとも45分以
　　　　上の実時間をあてるものとする。）を目標として行なうものとする。

②　保育実習を行う児童福祉施設等及びその配当単位数は、保母養成所長が定めるものと
　　する。

③　保育実習を行う時期は、原則として第2学年の期間内とし、夏季、冬季等の所定の
　　休日の過半数をこえてこれに充ててはならないものとする。また、保育実習は児童福祉
　　施設等において行われるものに限られるから、修学旅行、夏季キャンプ等の時間を単位
　　に算入することはできないものとする。

④　実習施設に1回派遣する実習生の数は、その実習施設の規模、人的組織等の指導能
　　力を勘案して定めるものとし、多人数にわたらないようにとくに留意を払うものとする。

⑤　保母養成所長は、毎学年度のはじめに実習施設その他の関係者と協議を行ない、その
　　学年度の保育実習実施計画を策定するものとし、この計画には、全体の方針、実習の段
　　階、内容、施設別の期間、時間数、学生の数、実習前後の学習に対する指導方法、実習
　　の記録、評価の方法等が明らかにされなければならないものとする。

第3　実習施設の選定等

①　実習施設の選定に当たっては、実習の効果が指導者の能力に負うところが大であるこ
　　とにかんがみ、とくに施設長、保母等の人的組織を通じて保育についての指導能力が充
　　実している施設のうちから選定するよう努めるものとする。また、児童福祉施設以外の
　　施設においては、保母の資格を有する職員が直接入所者の指導に従事している施設を選
　　定するものとする。なお、その施設の設備に比較的余裕のあること、実習生の交通条件
　　等についても考慮を払うものとする。

②　保母養成所長は、教員のうちから実習指導者を定め実習に関する全般的な事項を担当

させることとし、また実習施設においては、その長及び保母等のうちから実習指導者を定めるものとし、これらの実習指導者は相互に緊密な連絡を図り、保育実習の効果を十分発揮するように努めるものとする。

上記の保育実習実施基準の特徴としては以下の点があげられる。

○保育実習の必修総単位数の削減が図られたこと
○いわゆる施設実習の種別に、児童福祉施設以外の施設が加わったこと
○いわゆる施設実習は３以上の種別にわたって履修すること
○幼稚園における教育実習と保育所における実習間における単位の読み替えを廃止したこと

3 1991（平成３）年保育実習実施基準

1991（平成３）年に、1962（昭和37）年に示された保育実習実施基準が廃止され、保育実習の内容が変更された。その一部を紹介する[3]。

第１　保育実習の目的

保育実習は、その習得した教科全体の知識、技能を基礎とし、これらを総合的に実践する応用的能力を養うため、児童に対する理解を通じて保育の理論と実践の関係について習熟させることを目的とする。

第２　履修の方法

① 実習種別・履修方法

＜実習種別＞

［保育実習（必修科目）］

単位数：５単位　施設におけるおおむねの実習日数：20 日

実習施設：保育所及び乳児院、母子寮、養護施設、精神薄弱児施設、盲ろうあ児施設、虚弱児施設、肢体不自由児施設、重症心身障害児施設、情緒障害児短期治療施設、教護院等の児童福祉施設（入所）、精神薄弱者更生施設（入所）、精神薄弱者授産施設（入所）又は心身障害者福祉協会法第 17 条第 1 項第 1 号に規定する福祉施設・・・・(A)

---

3 全国保育士養成協議会会長委嘱プロジェクトチーム編（1999）『保母養成教科目の研究』財団法人全国保育士養成協議会、pp.202-204

［保育実習Ⅱ（選択必修科目）］

単位数：2単位　施設におけるおおむねの実習日数：10日

実習施設：保育所・・・・（B）

［保育実習Ⅲ（選択必修科目）］

単位数：2単位　施設におけるおおむねの実習日数：10日

実習施設：児童厚生施設、精神薄弱児通園施設等の児童福祉施設（通所）その他社会福祉関係諸法令の規定に基づき設置されている施設であって保育実習を行う施設として適当と認められるもの（保育所は除く。）

＊保育実習（必修科目）5単位の履修方法は、実習に関する事前及び事後指導1単位のほか、保育所における実習2単位及び、その他（A）に掲げる保育所以外の施設における実習2単位とする。

② 保育実習を行う児童福祉施設等及びその配当単位数は、保母養成所長が定めるものとする。

③ 保育実習を行う時期は、原則として第2学年の期間内とし、夏季、冬季等の所定の休日の過半数をこえてこれに充ててはならないものとする。また、保育実習は児童福祉施設等において行われるものに限られるから、修学旅行、夏季キャンプ等の時間を単位に算入することはできないものとする。

④ 実習施設に1回派遣する実習生の数は、その実習施設の規模、人的組織等の指導能力を考慮して定めるものとし、多人数にわたらないように特に留意するものとする。

⑤ 保母養成所長は、毎学年度の始めに実習施設その他の関係者と協議を行い、その学年度の保育実習計画を策定するものとし、この計画には、全体の方針、実習の段階、内容、施設別の期間、時間数、学生の数、実習前後の学習に対する指導方法、実習の記録、評価の方法等が明らかにされなければならないものとする。

第3　実習施設の選定等

① 保母養成所長は、実習施設の選定に当たっては、実習の効果が指導者の能力に負うところが大きいことから、特に施設長、保母の資格を有する職員（保母養成所を卒業した男子及び保母試験に合格した男子を含む。以下同じ。）その他の職員の人的組織を通じて保育についての指導能力が充実している施設のうちから選定するように努めるものとする。

② 保母養成所長は、児童福祉施設以外の施設を実習施設として選定する場合に当たっては、保母の資格を有する職員が直接入所者の指導に従事している施設を選定するものとする。なお、その施設の設備に比較的余裕のあること、実習生の交通条件等についても

考慮するものとする。

③　保母養成所長は、教員のうちから実習指導者を定め、実習に関する全般的な事項を担当させることとし、また実習施設においては、その長及び保母の資格を有する職員のうちから実習指導者を定めるものとし、これらの実習指導者は相互に緊密な連絡をとり、保育実習の効果を十分発揮するように努めるものとする。

上記の保育実習実施基準の特徴としては次の点があげられる。

○保育実習Ⅰが保育実習となり、事前事後指導が加わったことにより、4単位から5単位へと単位数が増えたこと
○保育実習に必要な所要時間が削除されたこと

4 2001（平成13）年保育実習実施基準

2001（平成13）年に新たに保育実習実施基準が示され、1991（平成3）年に通知された実施基準は廃止された。ただし、この廃止から新たな通知への動きは、主に法改正による名称変更（保母から保育士へ、教護院から児童自立支援施設へ等）によるもので、内容に関する大きな変更は見られなかった。

5 2003（平成15）年保育実習実施基準

2001（平成13）年に示された保育実習実施基準が廃止され、2003（平成15）年に通知された保育実習実施基準は、現行の実施基準のベースとなったものである。その内容の一部を紹介する[4]。

第1　保育実習の目的

保育実習は、その習得した教科全体の知識、技能を基礎とし、これらを総合的に実践する応用的能力を養うため、児童に対する理解を通じて保育の理論と実践の関係について習熟させることを目的とする。

---

4 厚生労働省雇用均等・児童家庭局保育課（2003）資料、pp.42-44

第2　履修の方法

① 　実習種別・履修方法

＜実習種別＞

[保育実習（必修科目）]

単位数：5単位　施設におけるおおむねの実習日数：20日

実習施設：保育所及び乳児院、母子生活支援施設、児童養護施設、知的障害児施設、盲ろうあ児施設、肢体不自由児施設、重症心身障害児施設、情緒障害児短期治療施設、児童自立支援施設、知的障害者更生施設（入所）、知的障害者授産施設（入所）、児童相談所一時保護施設又は独立行政法人国立重度知的障害者総合施設のぞみの園・・・・（A）

[保育実習Ⅱ（選択必修科目）]

単位数：2単位　施設におけるおおむねの実習日数：10日

実習施設：保育所・・・・（B）

[保育実習Ⅲ（選択必修科目）]

単位数：2単位　施設におけるおおむねの実習日数：10日

実習施設：児童厚生施設又は知的障害児通園施設その他社会福祉関係諸法令の規定に基づき設置されている施設であって保育実習を行う施設として適当と認められるもの（保育所は除く。）

＊保育実習（必修科目）5単位の履修方法は、実習に関する事前及び事後指導1単位のほか、保育所における実習2単位及び、その他（A）に掲げる保育所以外の施設における実習2単位とする。

② 　保育実習を行う児童福祉施設等及びその配当単位数は、指定保育士養成施設の所長が定めるものとする。

③ 　保育実習を行う時期は、原則として第2学年の期間内とし、修業年限が3年以上の夜間部、昼間定時制部又は通信教育部については、第3学年の期間内を原則とする。

④ 　実習施設に1回派遣する実習生の数は、その実習施設の規模、人的組織等の指導能力を考慮して定めるものとし、多人数にわたらないように特に留意するものとする。

⑤ 　指定保育士養成施設の所長は、毎学年度の始めに実習施設その他の関係者と協議を行い、その学年度の保育実習計画を策定するものとし、この計画には、全体の方針、実習の段階、内容、施設別の期間、時間数、学生の数、実習前後の学習に対する指導方法、実習の記録、評価の方法等が明らかにされなければならないものとする。

⑥ 　実習において知り得た個人の秘密の保持について、実習生が十分配慮するよう指導すること。

第3　実習施設の選定等

① 指定保育士養成施設の所長は、実習施設の選定に当たっては、実習の効果が指導者の能力に負うところが大きいことから、特に施設長、保育士の資格を有する職員の人的組織を通じて保育についての指導能力が充実している施設のうちから選定するように努めるものとする。

　　特に、保育所の選定に当たっては、乳児保育、障害児保育及び一時保育等の多様な保育サービスを実施しているところで総合的な実習を行うことが望ましいことから、この点に留意すること。

② 指定保育士養成施設の所長は、児童福祉施設以外の施設を実習施設として選定する場合に当たっては、保育士が直接入所者の指導に従事している施設を選定するものとする。なお、その施設の設備に比較的余裕があること、実習生の交通条件等についても考慮するものとする。

③ 指定保育士養成施設の所長は、教員のうちから実習指導者を定め、実習に関する全般的な事項を担当させることとし、また、実習施設においては、その長及び保育士のうちから実習指導者を定めるものとする。これらの実習指導者は、保育実習の目的を達成するため、指定保育士養成施設の実習指導者が中心となって相互に緊密な連絡をとるように努めるものとする。

④ 指定保育士養成施設の実習指導者は、実習期間中に少なくとも1回以上実習施設を訪問して学生を指導すること。なお、これにより難い場合は、それと同等の体制を確保すること。

⑤ 指定保育士養成施設の実習指導者は、実習期間中に、学生に指導した内容をその都度、記録すること。また、実習施設の実習指導者に対しては、毎日、実習の記録の確認及び指導内容を記述するよう依頼する等、実習を効果的に進められるよう配慮すること。

　上記の保育実習実施基準の特徴としては次の点があげられる。

○いわゆる施設実習において、児童相談所一時保護施設が新たに実習種別に加わったこと

○実習の期間について「夏季、冬季等の所定の休日の過半数をこえてこれに充ててはならないものとする。また、保育実習は児童福祉施設等において行われるものに限られるから、修学旅行、夏季キャンプ等の時間を単位に算入することはできないものとする。」という記述が削除されたこと

○乳児保育、障害児保育及び一時保育等の多様な保育サービスを実施していると

ころでの総合的な実習が望ましい、という記述が加わったこと

○個人情報の保護に関する記述が加わったこと

○実習期間中の指定保育士養成施設の実習指導者による訪問指導に関する記述が加わったこと

○実習期間中の指定保育士養成施設の実習指導者による指導内容の記録に関する記述が加わったこと

6 2006（平成18）年保育実習実施基準

この年、指定保育士養成施設の指定及び運営の基準が一部変更となったが、保育実習実施基準については大きな変更は認められなかった[5]。

7 2009（平成21）年保育実習実施基準

2008（平成20）年保育所保育指針改定に伴い2009（平成21）年に保育実習実施基準が一部改正となった[6]。その内容の一部を紹介していく。

第1　保育実習目的

保育実習は、その習得した教科全体の知識、技能を基礎とし、これらを総合的に実践する応用能力を養うため、児童に対する理解を通じて保育の理論と実践の関係について習熟させることを目的とする。

第2　履修の方法

① 実習種別・履修方法

＜実習種別＞

［保育実習（必修科目）］

単位数：5単位　施設におけるおおむねの実習日数：20日

実習施設：保育所及び乳児院、母子生活支援施設、児童養護施設、知的障害児施設、盲ろうあ児施設、肢体不自由児施設、重症心身障害児施設、情緒障害児短期治療施設、児童自立支援施設、知的障害者更生施設（入所）、知的障害者授産施設（入所）、児童

---

[5] 保育法令研究会監修（2007）『平成19年度版　保育所運営ハンドブック』中央法規出版、pp.1110-1112

[6] 平成21年2月27日雇児発第0227005号による一部改正

相談所一時保護施設又は独立行政法人国立重度知的障害者総合施設のぞみの園・・・・

（A）

［保育実習Ⅱ（選択必修科目）］

単位数：2単位　施設におけるおおむねの実習日数：10日

実習施設：保育所・・・・（B）

［保育実習Ⅲ（選択必修科目）］

単位数：2単位　施設におけるおおむねの実習日数：10日

実習施設：児童厚生施設又は知的障害児通園施設その他社会福祉関係諸法令の規定に基づき設置されている施設であって保育実習を行う施設として適当と認められたもの（保育所は除く。）

＊保育実習（必修科目）5単位の履修方法は、実習に関する事前及び事後指導1単位のほか、保育所における実習2単位及び、その他（A）に掲げる保育所以外の施設における実習2単位とする。

＊「保育対策等促進事業の実施について」（平成20年6月9日雇児発第0609001号）に規定する家庭的保育事業において、補助者として、20日以上従事している又は過去に従事していたことのある場合にあっては、当該事業に補助者として従事している又は過去に従事していたことをもって、保育実習（必修科目）のうち保育所における実習2単位及び保育実習Ⅱ（選択必修科目）を履修したものとすることができる。

② 　保育実習を行う児童福祉施設等及びその配当単位数は、指定保育士養成施設の所長が定めるものとする。

③ 　保育実習を行う時期は、原則として、修業年限が2年の指定保育士養成施設については第2学年の期間内とし、修業年限が3年以上の指定保育士養成施設については第3学年以降の期間内とする。

④ 　実習施設に1回に派遣する実習生の数は、その実習施設の規模、人的組織等の指導能力を考慮して定めるものとし、多人数にわたらないように特に留意するものとする。

⑤ 　指定保育士養成施設の所長は、毎学年度の始めに実習施設その他の関係者と協議を行い、その学年度の保育実習計画を策定するものとし、この計画には、全体の方針、実習の段階、内容、施設別の期間、時間数、学生の数、実習前後の学習に対する指導方法、実習の記録、評価の方法等が明らかにされなければならないものとする。

⑥ 　実習において知り得た個人の秘密の保持について、実習生が十分配慮するよう指導すること

第3　実習施設の選定等

① 指定保育士養成施設の所長は、実習施設の選定に当たっては、実習の効果が指導者の能力に負うところが大きいことから、特に施設長、保育士の資格を有する職員の人的組織を通じて保育についての指導能力が充実している施設のうちから選定するように努めるものとする。

　　特に、保育所の選定に当たっては、乳児保育、障害児保育及び一時保育等の多様な保育サービスを実施しているところで総合的な実習を行うことが望ましいことから、この点に留意すること。

② 指定保育士養成施設の所長は、児童福祉施設以外の施設を実習施設として選定する場合に当たっては、保育士が直接入所者の指導に従事している施設を選定するものとする。なお、その施設の設備に比較的余裕があること、実習生の交通条件等についても考慮するものとする。

③ 指定保育士養成施設の所長は、教員のうちから実習指導者を定め、実習に関する全般的な事項を担当させることとし、また、実習施設においては、その長及び保育士のうちから実習指導者を定めるものとする。これらの実習指導者は、保育実習の目的を達成するため、指定保育士養成施設の実習指導者が中心となって相互に緊密な連絡とるように努めるものとする。

④ 指定保育士養成施設の実習指導者は、実習期間中に少なくとも1回以上実習施設を訪問して学生を指導すること。なお、これにより難い場合は、それと同等の体制を確保すること。

⑤ 指定保育士養成施設の実習指導者、実習期間中に、学生に指導した内容をその都度、記録すること。また、実習施設の実習指導者に対しては、毎日、実習の記録の確認及び指導内容を記述するよう依頼する等、実習を効果的に進められるよう配慮すること。

　　上記の保育実習実施基準の特徴としては次のとおりである。

○母子家庭の母または寡婦が家庭的保育事業において補助者として20以上従事している（または過去にしていた）場合、保育実習（必修科目）のうち保育所における実習2単位および保育実習Ⅱ（選択必修科目）を履修したものとすることができたが、それを「母子家庭の母又は寡婦」という制限を取り払い、それ以外の者にも認めることとなったこと

○保育実習の行う時期について、原則第2学年だったものが、修業年限が2年の指定保育士養成施設については第2学年の期間内と限定され、また修業学年が

3年以上の場合は、第3学年の期間内から、第3学年以降と変更となったこと

8 2010（平成22）年保育実習実施基準

2009（平成21）年に示された保育実習実施基準が一部改正された[7]。その内容の一部を紹介していく。

第1 保育実習目的

保育実習は、その習得した教科全体の知識、技能を基礎とし、これらを総合的に実践する応用能力を養うため、児童に対する理解を通じて保育の理論と実践の関係について習熟させることを目的とする。

第2 履修の方法

＜実習種別＞

［保育実習Ⅰ（必修科目）］

単位数：4単位　施設におけるおおむねの実習日数：20日

実習施設：保育所及び乳児院、母子生活支援施設、児童養護施設、知的障害児施設、知的障害児通園施設、自閉症児施設、盲ろうあ施設、難聴幼児通園施設、肢体不自由児施設、肢体不自由児通園施設、肢体不自由児療護施設、重症心身障害児施設、情緒障害児短期治療施設、児童自立支援施設、知的障害者更生施設、知的障害者授産施設、知的障害者小規模通所授産施設、児童相談所一時保護施設又は独立行政法人国立重度知的障害者総合施設のぞみの園・・・・（A）

［保育実習Ⅱ（選択必修科目）］

単位数：2単位　施設におけるおおむねの実習日数：10日

実習施設：保育所・・・・（B）

［保育実習Ⅲ（選択必修科目）］

単位数：2単位　施設におけるおおむねの実習日数：10日

実習施設：児童厚生施設又は知的障害児通園施設その他社会福祉関係諸法令の規定に基づき設置されている施設であって保育実習を行う施設として適当と認められたもの（保育所は除く。）

---

[7] 平成22年7月22日雇児発0722第5号による一部改正

＊保育実習（必修科目）4単位の履修方法は、保育所における実習2単位及び（A）に掲げる保育所以外の施設における実習2単位とする。

＊「保育対策等促進事業の実施について」（平成20年6月9日雇児発第0609001号）に規定する家庭的保育事業において家庭的保育者及び補助者として、20日以上従事している又は過去に従事していたことのある場合にあっては、当該事業に補助者として従事している又は過去に従事していたことをもって、保育実習Ⅰ（必修科目）のうち保育所における実習2単位、保育実習Ⅱ（選択必修科目）及び保育実習指導Ⅱ（選択必修科目）を履修したものとすることができる。

② 保育実習を行う児童福祉施設等及びその配当単位数は、指定保育士養成施設の所長が定めるものとする。

③ 保育実習を行う時期は、原則として、修業年限が2年の指定保育士養成施設については第2学年の期間内とし、修業年限が3年以上の指定保育士養成施設については第3学年以降の期間内とする。

④ 実習施設に1回に派遣する実習生の数は、その実習施設の規模、人的組織等の指導能力を考慮して定めるものとし、多人数にわたらないように特に留意するものとする。

⑤ 指定保育士養成施設の所長は、毎学年度の始めに実習施設その他の関係者と協議を行い、その学年度の保育実習計画を策定するものとし、この計画には、全体の方針、実習の段階、内容、施設別の期間、時間数、学生の数、実習前後の学習に対する指導方法、実習の記録、評価の方法等が明らかにされなければならないものとする。

⑥ 実習において知り得た個人の秘密の保持について、実習生が十分配慮するよう指導すること。

第3 実習施設の選定等

① 指定保育士養成施設の所長は、実習施設の選定に当たっては、実習の効果が指導者の能力に負うところが大きいことから、特に施設長、保育士の資格を有する職員の人的組織を通じて保育についての指導能力が充実している施設のうちから選定するように努めるものとする。

　特に、保育所の選定に当たっては、乳児保育、障害児保育及び一時保育等の多様な保育サービスを実施しているところで総合的な実習を行うことが望ましいことから、この点に留意すること。

　また、居住型の実習施設を希望する入所者に対しては、実習施設選定に際して、配慮を行うこと。

② 指定保育士養成施設の所長は、児童福祉施設以外の施設を実習施設として選定する場

合に当たっては、保育士が直接入所者の指導に従事している施設を選定するものとする。なお、その施設の設備に比較的余裕があること、実習生の交通条件等についても考慮するものとする。

③　指定保育士養成施設の所長は、教員のうちから実習指導者を定め、実習に関する全般的な事項を担当させることとし、また、実習施設においては、その長及び保育士のうちから実習指導者を定めるものとする。これらの実習指導者は、保育実習の目的を達成するため、指定保育士養成施設の実習指導者が中心となって相互に緊密な連絡をとるように努めるものとする。

④　指定保育士養成施設の実習指導者は、実習期間中に少なくとも1回以上実習施設を訪問して学生を指導すること。なお、これにより難い場合は、それと同等の体制を確保すること。

⑤　指定保育士養成施設の実習指導者、実習期間中に、学生に指導した内容をその都度、記録すること。また、実習施設の実習指導者に対しては、毎日、実習の記録の確認及び指導内容を記述するよう依頼する等、実習を効果的に進められるよう配慮すること。

上記の保育実習実施基準の特徴としては次のとおりである。

○保育実習が保育実習Ⅰとなり、事前事後指導が抜け、5単位から4単位へ単位数が戻ったこと
○保育実習Ⅰの中のいわゆる施設実習の実習施設種別が加えられたこと（主に通所型）
○家庭的保育事業において、家庭的保育者および補助者として20日以上従事しているまたは過去に従事していたことのある場合、保育実習Ⅰ（必修科目）のうち保育所における2単位、保育実習Ⅱ（選択必修科目）の他に保育実習指導Ⅱ（選択必修科目）も履修したものとすることができるようになったこと

9　2012（平成24）年保育実習実施基準

　障害者自立支援法における施設種別等の改正に伴う経過措置の終了と、児童福祉法改正による施設種別等の改正に伴い、2010（平成22）年に示された保育実習実施基準が一部改正となった[8]。その内容の一部を紹介していく。

---

8 平成24年3月30日雇児発0330第13号による一部改正

第1 保育実習目的

保育実習は、その習得した教科全体の知識、技能を基礎とし、これらを総合的に実践する応用能力を養うため、児童に対する理解を通じて保育の理論と実践の関係について習熟させることを目的とする。

第2 履修の方法

＜実習種別＞

［保育実習Ⅰ（必修科目）］

単位数：4単位　施設におけるおおむねの実習日数：20日

実習施設：保育所及び乳児院、母子生活支援施設、障害児入所支援施設、児童発達支援センター（児童発達支援及び医療型児童発達支援を行うものに限る）、障害者支援施設、指定障害福祉サービス事業所（生活介護、自立訓練、就労移行支援又は就労継続支援を行うものに限る）、児童養護施設、情緒障害児短期治療施設、児童自立支援施設、児童相談所一時保護施設又は独立行政法人国立重度知的障害者総合施設のぞみの園・・・・（A）

［保育実習Ⅱ（選択必修科目）］

単位数：2単位　施設におけるおおむねの実習日数：10日

実習施設：保育所・・・・（B）

［保育実習Ⅲ（選択必修科目）］

単位数：2単位　施設におけるおおむねの実習日数：10日

実習施設：児童厚生施設又は児童発達支援センターその他社会福祉関係諸法令の規定に基づき設置されている施設であって保育実習を行う施設として適当と認められるもの（保育所は除く。）

＊保育実習（必修科目）4単位の履修方法は、保育所における実習2単位及び（A）に掲げる保育所以外の施設における実習2単位とする。

＊「保育対策等促進事業の実施について」（平成20年6月9日雇児発第0609001号）に規定する家庭的保育事業又は、「子育て支援交付金の交付対象事業等について」（平成23年9月30日雇児発0930第1号）に規定するグループ型小規模保育事業において、家庭的保育者又は補助者として、20日以上従事している又は過去に従事していたことのある場合にあっては、当該事業に従事している又は過去に従事していたことをもって、保育実習Ⅰ（必修科目）のうち保育所における実習2単位、保育実習Ⅱ（選択必修科目）及び保育実習指導Ⅱ（選択必修科目）を履修したものとすることができる。

② 保育実習を行う児童福祉施設等及びその配当単位数は、指定保育士養成施設の所長が定めるものとする。

③ 保育実習を行う時期は、原則として、修業年限が２年の指定保育士養成施設については第２学年の期間内とし、修業年限が３年以上の指定保育士養成施設については第３学年以降の期間内とする。

④ 実習施設に１回に派遣する実習生の数は、その実習施設の規模、人的組織等の指導能力を考慮して定めるものとし、多人数にわたらないように特に留意するものとする。

⑤ 指定保育士養成施設の所長は、毎学年度の始めに実習施設その他の関係者と協議を行い、その学年度の保育実習計画を策定するものとし、この計画には、全体の方針、実習の段階、内容、施設別の期間、時間数、学生の数、実習前後の学習に対する指導方法、実習の記録、評価の方法等が明らかにされなければならないものとする。

⑥ 実習において知り得た個人の秘密の保持について、実習生が十分配慮するよう指導すること。

第３　実習施設の選定等

① 指定保育士養成施設の所長は、実習施設の選定に当たっては、実習の効果が指導者の能力に負うところが大きいことから、特に施設長、保育士の資格を有する職員の人的組織を通じて保育についての指導能力が充実している施設のうちから選定するように努めるものとする。

　特に、保育所の選定に当たっては、乳児保育、障害児保育及び一時保育等の多様な保育サービスを実施しているところで総合的な実習を行うことが望ましいことから、この点に留意すること。

　また、居住型の実習施設を希望する実習生に対しては、実習施設の選定に際して、配慮を行うこと。

② 指定保育士養成施設の所長は、児童福祉施設以外の施設を実習施設として選定する場合に当たっては、保育士が実習生の指導を行う施設を選定するものとする。なお、その施設の設備に比較的余裕があること、実習生の交通条件等についても考慮するものとする。

③ 指定保育士養成施設の所長は、教員のうちから実習指導者を定め、実習に関する全般的な事項を担当させることとし、また、実習施設においては、その長及び保育士のうちから実習指導者を定めるものとする。これらの実習指導者は、保育実習の目的を達成するため、指定保育士養成施設の実習指導者が中心となって相互に緊密な連絡とるように努めるものとする。

④　指定保育士養成施設の実習指導者は、実習期間中に少なくとも1回以上実習施設を訪問して学生を指導すること。なお、これにより難い場合は、それと同等の体制を確保すること。

⑤　指定保育士養成施設の実習指導者、実習期間中に、学生に指導した内容をその都度、記録すること。また、実習施設の実習指導者に対しては、毎日、実習の記録の確認及び指導内容を記述するよう依頼する等、実習を効果的に進められるよう配慮すること。

上記の保育実習実施基準の特徴としては次の点があげられる。

○いわゆる施設実習における実習施設のいくつかの種別名称が変更となったこと
○いわゆる施設実習において居住型の実習施設の選定にあたっては「入所者」から「実習生」への配慮に変更されたこと
○いわゆる施設実習の施設の選定において、保育士が「直接入所者の指導に従事している施設」から「実習生の指導を行う施設」という記載へ変更されたこと
○家庭的保育事業の他に、グループ型小規模保育事業における家庭的保育者および補助者として20日以上従事しているまたは過去に従事していたことのある者も、保育実習Ⅰ（必修科目）のうち保育所における2単位、保育実習Ⅱ（選択必修科目）の他に保育実習指導Ⅱ（選択必修科目）も履修したものとすることができるようになったこと

10 2013（平成25）年保育実習実施基準

2012（平成24）年8月22日づけで交付された「子ども・子育て支援法」等の関連3法に基づく子ども・子育て支援新制度設立に伴い、幼稚園教諭免許状を有する者の保育士資格取得特例における教科目の教授内容等が経過措置として示された。一方、それに伴い保育実習実施基準も一部改正された[9]が、この年は主に施設種別の名称変更（障害児支援施設から、障害児入所施設へ）があっただけで、内容について大きな変更はみられなかった。

11 2015（平成27）年保育実習実施基準

子ども・子育て支援新制度の実施に伴い、保育実習実施基準が一部改正された[10]。その内容の一部を紹介していく。

---

9 平成25年8月8日雇児発0808第2号による一部改正
10 平成27年3月31日雇児発0331第29号による一部改正

第1　保育実習の目的

　保育実習は、その習得した教科全体の知識、技能を基礎とし、これらを総合的に実践する応用能力を養うため、児童に対する理解を通じて保育の理論と実践の関係について習熟させることを目的とする。

第2　履修の方法

＜実習種別＞

［保育実習Ⅰ（必修科目）］

単位数：4単位　施設におけるおおむねの実習日数：20日

実習施設：保育所、幼保連携型認定こども園又は児童福祉法第6条の3第10項の小規模保育事業（ただし、「家庭的保育事業の設備及び運営に関する基準」（平成26年厚生労働省令第61号）第3章第2節に規定する小規模保育事業Ａ型及び同基準同章第3節に規定する小規模保育Ｂ型に限る）若しくは同条第12項の事業所内保育事業であって同法第34条の15第1項の事業及び同法同条第2項の認定を受けたもの（以下「小規模保育Ａ・Ｂ型及び事業所内保育事業」という。）及び乳児院、母子生活支援施設、障害児入所施設、児童発達支援センター（児童発達支援及び医療型児童発達支援を行うものに限る）、障害者支援施設、指定障害福祉サービス事業所（生活介護、自立訓練、就労移行支援又は就労継続支援を行うものに限る）、児童養護施設、情緒障害児短期治療施設、児童自立支援施設、児童相談所一時保護所又は独立行政法人国立重度知的障害者総合施設のぞみの園・・・・（A）

［保育実習Ⅱ（選択必修科目）］

単位数：2単位　施設におけるおおむねの実習日数：10日

実習施設：保育所又は幼保連携型認定こども園或いは小規模保育Ａ・Ｂ型及び事業所内保育事業・・・・（B）

［保育実習Ⅲ（選択必修科目）］

単位数：2単位　施設におけるおおむねの実習日数：10日

実習施設：児童厚生施設又は児童発達支援センターその他社会福祉関係諸法令の規定に基づき設置されている施設であって保育実習を行う施設として適当と認められるもの（保育所及び幼保連携型認定こども園並びに小規模保育Ａ・Ｂ型及び事業所内保育事業は除く。）

＊保育実習（必修科目）4単位の履修方法は、保育所又は幼保連携型認定こども園或いは小規模保育Ａ・Ｂ型及び事業所内保育事業における実習2単位及び（A）に掲げる保育所又は幼保連携型認定こども園或いは小規模保育Ａ・Ｂ型及び事業所内保育事業

以外の施設における実習2単位とする。

＊児童福祉法（昭和22年法律第164号。以下「法」という。）第6条の3第9項に規定する家庭的保育事業又は、「家庭的保育事業等の設備及び運営に関する基準」（平成26年厚生労働省令第61号）第3章第4節に規定する小規模保育事業C型において、家庭的保育者又は補助者として、20日以上従事している又は過去に従事していたことをもって、保育実習Ⅰ（必修科目）のうち保育所又は幼保連携型認定こども園或いは小規模保育A・B型及び事業所内保育事業における実習2単位、保育実習Ⅱ（選択必修科目）及び保育実習指導Ⅱ（選択必修科目）を履修したものとすることができる。

② 保育実習を行う児童福祉施設等及びその配当単位数は、指定保育士養成施設の所長が定めるものとする。

③ 保育実習を行う時期は、原則として、修業年限が2年の指定保育士養成施設については第2学年の期間内とし、修業年限が3年以上の指定保育士養成施設については第3学年以降の期間内とする。

④ 実習施設に1回に派遣する実習生の数は、その実習施設の規模、人的組織等の指導能力を考慮して定めるものとし、多人数にわたらないように特に留意するものとする。

⑤ 指定保育士養成施設の所長は、毎学年度の始めに実習施設その他の関係者と協議を行い、その学年度の保育実習計画を策定するものとし、この計画には、全体の方針、実習の段階、内容、施設別の期間、時間数、学生の数、実習前後の学習に対する指導方法、実習の記録、評価の方法等が明らかにされなければならないものとする。

⑥ 実習において知り得た個人の秘密の保持について、実習生が十分配慮するよう指導すること。

第3 実習施設の選定等

① 指定保育士養成施設の所長は、実習施設の選定に当たっては、実習の効果が指導者の能力に負うところが大きいことから、特に施設長、保育士の資格を有する職員の人的組織を通じて保育についての指導能力が充実している施設のうちから選定するように努めるものとする。

　特に、保育所の選定に当たっては、乳児保育、障害児保育及び一時保育等の多様な保育サービスを実施しているところで総合的な実習を行うことが望ましいことから、この点に留意すること。

　また、居住型の実習施設を希望する実習生に対しては、実習施設の選定に際して、配慮を行うこと。

② 指定保育士養成施設の所長は、児童福祉施設以外の施設を実習施設として選定する場

合に当たっては、保育士が実習生の指導を行う施設を選定するものとする。なお、その施設の設備に比較的余裕があること、実習生の交通条件等についても考慮するものとする。

③　指定保育士養成施設の所長は、教員のうちから実習指導者を定め、実習に関する全般的な事項を担当させることとし、また、実習施設においては、その長及び保育士のうちから実習指導者を定めるものとする。これらの実習指導者は、保育実習の目的を達成するため、指定保育士養成施設の実習指導者が中心となって相互に緊密な連絡をとるように努めるものとする。

④　指定保育士養成施設の実習指導者は、実習期間中に少なくとも１回以上実習施設を訪問して学生を指導すること。なお、これにより難い場合は、それと同等の体制を確保すること。

⑤　指定保育士養成施設の実習指導者は、実習期間中に、学生に指導した内容をその都度、記録すること。また、実習施設の実習指導者に対しては、毎日、実習の記録の確認及び指導内容を記述するよう依頼する等、実習を効果的に進められるよう配慮すること。

上記の保育実習実施基準の特徴としては以下の点があげられる。

○保育実習Ⅰ（主に保育所）および保育実習Ⅱの実習施設種別に幼保連携型認定こども園、小規模保育Ａ型・Ｂ型、事業所内保育所が加わったこと
○保育実習Ⅰ（主に保育所２単位）、保育実習Ⅱおよび保育実習指導Ⅱを免除されるとされている、家庭的保育者または補助者として20日以上従事していた事業が、家庭的保育事業のほか、グループ型小規模保育事業から小規模保育事業Ｃ型へと表記が変更となったこと
○上記に該当する者は加えて、保育所の他に幼保連携型認定こども園あるいは小規模保育Ａ型・Ｂ型および事業所内保育事業における実習も履修したこととして保育実習Ⅰ（主に保育所２単位）および保育実習Ⅱ、保育実習指導Ⅱが免除されるようになったこと

12 2018（平成30）年保育実習実施基準

2017（平成29）年の保育所保育指針改定に伴い、保育実習実施基準が一部改正された[11]。その内容の一部を紹介していく。

第１　保育実習目的

　保育実習は、その習得した教科全体の知識、技能を基礎とし、これらを総合的に実践する応用能力を養うため、児童に対する理解を通じて保育の理論と実践の関係について習熟させることを目的とする。

第２　履修の方法

＜実習種別＞

［保育実習Ⅰ（必修科目）］

単位数：４単位　施設におけるおおむねの実習日数：20日

実習施設：保育所、幼保連携型認定こども園又は児童福祉法第６条の３第10項の小規模保育事業（ただし、「家庭的保育事業等の設備及び運営に関する基準」（平成26年厚生労働省令第61号）第３章第２節に規定する小規模保育事業Ａ型及び同基準同章第３節に規定する小規模保育Ｂ型に限る）若しくは同条第12項の事業所内保育事業であって同法第34条の15第１項の事業及び同法同条第２項の認定を受けたもの（以下「小規模保育Ａ・Ｂ型及び事業所内保育事業」という。）及び乳児院、母子生活支援施設、障害児入所施設、児童発達支援センター、障害者支援施設、指定障害福祉サービス事業所（生活介護、自立訓練、就労移行支援又は就労継続支援を行うものに限る）、児童養護施設、児童心理治療施設、児童自立支援施設、児童相談所一時保護施設又は独立行政法人国立重度知的障害者総合施設のぞみの園・・・・（A）

［保育実習Ⅱ（選択必修科目）］

単位数：２単位　施設におけるおおむねの実習日数：10日

実習施設：保育所又は幼保連携型認定こども園或いは小規模保育Ａ・Ｂ型及び事業所内保育事業・・・・（B）

［保育実習Ⅲ（選択必修科目）］

単位数：２単位　施設におけるおおむねの実習日数：10日

実習施設：児童厚生施設又は児童発達支援センターその他社会福祉関係諸法令の規定に基づき設置されている施設であって保育実習を行う施設として適当と認められるもの（保育所及び幼保連携型認定こども園並びに小規模保育Ａ・Ｂ型及び事業所内保育事業は除く。）

---

11 平成30年4月27日子発0427第3号による一部改正

＊保育実習（必修科目）4単位の履修方法は、保育所又は幼保連携型認定こども園或いは小規模保育A・B型及び事業所内保育事業における実習2単位及び（A）に掲げる保育所又は幼保連携型認定こども園或いは小規模保育A・B型及び事業所内保育事業以外の施設における実習2単位とする。

＊児童福祉法（昭和22年法律第164号。以下「法」という。）第6条の3第9項に規定する家庭的保育事業又は、「家庭的保育事業等の設備及び運営に関する基準」（平成26年厚生労働省令第61号）第3章第4節に規定する小規模保育事業C型において、家庭的保育者又は補助者として、20日以上従事している又は過去に従事していたことのある場合にあっては、当該事業に従事している又は過去に従事していたことをもって、保育実習Ⅰ（必修科目）のうち保育所又は幼保連携型認定こども園或いは小規模保育A・B型及び事業所内保育事業における実習2単位、保育実習Ⅱ（選択必修科目）及び保育実習指導Ⅱ（選択必修科目）を履修したものとすることができる。

① 保育実習を行う児童福祉施設等及びその配当単位数は、指定保育士養成施設の所長が定めるものとする。

② 保育実習を行う時期は、原則として、修業年限が2年の指定保育士養成施設については第2学年の期間内とし、修業年限が3年以上の指定保育士養成施設については第3学年以降の期間内とする。

③ 実習施設に1回に派遣する実習生の数は、その実習施設の規模、人的組織等の指導能力を考慮して定めるものとし、多人数にわたらないように特に留意するものとする。

④ 指定保育士養成施設の所長は、毎学年度の始めに実習施設その他の関係者と協議を行い、その学年度の保育実習計画を策定するものとし、この計画において、全体の方針、実習の段階、内容、施設別の期間、時間数、学生の数、実習前後の学習に対する指導方法、実習の記録、評価の方法等を明らかにし、指定保育士養成施設と実習施設との間で共有すること。

⑤ 実習において知り得た個人の秘密の保持について、実習生が十分配慮するよう指導すること。

第3　実習施設の選定等

① 指定保育士養成施設の所長は、実習施設の選定に当たっては、実習の効果が指導者の能力に負うところが大きいことから、特に施設長、保育士、その他の職員の人的組織を通じて保育についての指導能力が充実している施設のうちから選定するように努めるものとする。

　特に、保育所の選定に当たっては、乳児保育、障害児保育及び一時保育等の多様な保

育サービスを実施しているところで総合的な実習を行うことが望ましいことから、この点に留意すること。

また、居住型の実習施設を希望する実習生に対しては、実習施設の選定に際して、配慮を行うこと。

② 指定保育士養成施設の所長は、児童福祉施設以外の施設を実習施設として選定する場合に当たっては、保育士が実習生の指導を行う施設を選定するものとする。なお、その施設の設備に比較的余裕があること、実習生の交通条件等についても考慮するものとする。

③ 指定保育士養成施設の所長は、教員のうちから実習指導者を定め、実習に関する全般的な事項を担当させ、当該実習指導者は、他の教員と連携して実習指導を一体的に行うこと。また、実習施設においては、主任保育士又はこれに準ずる者を実習指導者と定めること。

④ 保育実習の実施に当たっては、保育実習の目的を達成するため、指定保育士養成施設の主たる実習指導者のみに対応を委ねることのないよう、指定保育士養成施設の主たる実習指導者は、他の教員・実習施設の主たる実習指導者等とも緊密に連携し、また、実習施設の主たる実習指導者は、当該実習施設内の他の保育士等とも緊密に連携すること。

⑤ 指定保育士養成施設の実習指導者は、実習期間中に少なくとも１回以上実習施設を訪問して学生を指導すること。なお、これにより難い場合は、それと同等の体制を確保すること。

⑥ 指定保育士養成施設の実習指導者は、実習期間中に、学生に指導した内容をその都度、記録すること。また、実習施設の実習指導者に対しては、毎日、実習の記録の確認及び指導内容を記述するよう依頼する等、実習を効果的に進められるよう配慮すること。

上記の保育実習実施基準の特徴としては以下の点があげられる。

・保育実習Ⅰ（必修科目）の実習施設として記載されている児童発達センターについて、「児童発達支援及び医療型児童発達支援を行うものに限る」という記述が削除されたこと
・指定保育士養成施設と実習施設との間で、保育実習計画の内容（全体の方針、実習の記録、評価等）を共有することが明文化されたこと
・指定保育士養成施設における主たる実習指導者は他の教員と緊密に連携し、実習指導を一体的に行うことが明文化されたこと
・実習施設における実習指導者は、主任保育士又はこれに準ずる者をあてることが

明文化されたこと
・実習施設における主たる実習指導者は当該実習施設内の他の保育士等と緊密に連携することが明文化されたこと

2 保育実習実施基準の変遷を概観して

　保育実習実施基準（以下、「実施基準」）について、1962（昭和37）年からの変遷を追って見えたことを簡単にまとめたい。まず、保育実習の目的「保育実習は、その習得した教科全体の知識、技能を基礎とし、これらを総合的に実践する応用的能力を養うため、児童に対する理解を通じて保育の理論と実践の関係について習熟させることを目的とする」は、時代を越えて変わっていないことがわかる。

　また、現在その重要性が多く指摘されている、実習指導における養成校と保育の場の連携や協働に関して、「保母養成所長は、教員のうちから実習指導者を定め実習に関する全般的な事項を担当させることとし、また実習施設においては、その長及び保母等のうちから実習指導者を定めるものとし、これらの実習指導者は相互に緊密な連絡を図り、保育実習の効果を十分発揮するように努めるものとする」という記述からわかるように、半世紀以上も前から指摘されていたことも読み取れる。

　逆に、明らかに変化した部分をあげれば、1962（昭和37）年の実施基準では、幼稚園における教育実習が保育所実習と履修上、読み替えが可能であった。保育所保育の独自性や専門性に関する理解が進んだ現代では起こりえないことと思われるが、当時はその理解が十分ではなかったことがうかがわれる。

　また、2006（平成18）年からの9年間で、実施基準が大きく変化した部分について、3点あげることができる。第1は、「保護者への支援」について明記され、保育士の専門性について大きな見直しがなされた2008（平成20）年の保育所保育指針改定を踏まえ、また養成校の増加や居住型児童福祉施設の減少、通所型児童福祉施設の増加に伴い[12]、保育実習（主に施設）の実習施設種別が増加したことである。

　第2は、「子ども・子育て支援新制度」が施行された2015（平成27）年から保育の場が大きく広がり、同時に保育士の活動の場が広がりを見せたことに伴う変化である。保育

12 保育士養成課程検討会（2010）「保育士養成課程等の改正について（中間まとめ）」資料、p.4

実習（主に保育所）と保育実習Ⅱの実習施設として、保育所以外に、幼保連携型認定こども園、小規模保育A型、小規模保育B型、事業所内保育所も実習施設に加えられたことは、注目すべき大きな変化といえよう。昨今の待機児童問題の深刻化という社会的ニーズの影響を受けて、実施基準もまたそれに応える形で改訂されたと考えられる。

　第3は、2018（平成30）年の実施基準に示されているように、実習施設における実習指導者をより限定し、「主任保育士又はこれに準ずる者」とした点である。保育士として一定レベルの技量をもった者が指導にあたるということは、保育士の専門性や実習生の学びの質の担保を考えたときに、不可欠なことと考えられる。

　現在、夫婦共働きによる待機児童問題や、ひとり親家庭、虐待の増加など多様で複雑な社会的問題が多く叫ばれる中で[13]、乳幼児期の保育や教育の重要性が改めて見直されている。そのような中で保育士に期待される役割が一段と増していると考えられ、それらに対応できる専門性の高い保育士の養成が求められている。一方で、今後も時代のニーズの変化に伴い、求められる保育士の役割が変化していくことは十分考えられる。そのような変化が実施基準にどのように反映されていくのか、養成校側も引き続き注視していく必要があるだろう。

---

[13] 西郷泰之・宮島清編（2017）『ひと目でわかる　保育者のための児童家庭福祉データブック2018』中央法規出版、p.10、p.59、p.63

4 用語の説明

本書における用語について、以下に説明する。

❶ 実習の種類等に係る用語

【保育実習】保育士養成課程における「保育実習Ⅰ」（必修 4 単位）および「保育実習Ⅱ」（選択必修 2 単位）、「保育実習Ⅲ」（選択必修 2 単位）を含む保育実習にかかわる総体を示す。

【保育実習指導】保育士養成課程における「保育実習指導Ⅰ」（必修 2 単位）および「保育実習指導Ⅱ」（選択必修 1 単位）、「保育実習Ⅲ」（選択必修 1 単位）を含む保育実習指導にかかわる総体を示す。

【実習指導（保育所等）】「保育実習指導Ⅰ」（必修 2 単位）のうち保育所、幼保連携型認定こども園または小規模保育 A・B 型および事業所内保育事業における保育実習にかかわる実習指導、および「保育実習指導Ⅱ」にかかわる実習指導の総体を示す。

【実習指導（施設）】「保育実習指導Ⅰ」（必修 2 単位）のうち保育所、幼保連携型認定こども園または小規模保育 A・B 型および事業所内保育事業を除く、児童厚生施設または児童発達支援センター等における保育実習にかかわる実習指導、および「保育実習指導Ⅲ」にかかわる実習指導の総体を示す。

❷ 実習の段階に係る用語

保育実習の段階を、**「観察実習」→「参加実習」→「指導実習」**とした。

「指導実習」とは、短時間あるいは 1 日の指導計画を実習施設の実習指導者もしくは指導担当職員の指導のもとに立案し、実践する実習をさす。ただし、必ずしも設定保育を実施することを必須とはせず、異年齢保育や自由保育など実習施設の保育内容に応じて、保育士チームの一員として保育実践に参加するようなものや、自由遊びの中での保育士の役割を担うなど、実際の保育現場の活動を前提とした保育実践を行う実習をさす。

❸ 保育実習指導に係る用語

【実習指導者】

養成校においては：指定保育士養成施設長によって指名され、養成校において実習に関する全般的な事項を担当する教員をさす。

実習施設においては：主任保育士又はこれに準ずる者で、実習に関する全般的な事項を担当する職員をさす。

【訪問指導】養成校の実習指導者またはそれに代わり得る者、養成校に所属する教員等が実習施設を訪問し、実習施設の指導担当職員との連携のもとに、実習中の実習生への指

導を行うことをさす。また、訪問指導を行う教員等を【訪問指導者】という。

【指導担当職員】実習施設において実習指導者を含む日々の活動の中で実習にかかわる指導を行う保育士等を総称する。

【実習生】実習施設において実習を行う養成校の学生を実習生と呼ぶ。

【保育実習計画】保育実習の計画とは、保育士として専門的な知識と技術を実習施設で培うために、養成校側が段階性と継続性を意図しながら組み立てた全体的な保育実習に関する計画（全体の方針、実習の段階・内容・期間・時間数、実習事前事後の指導、実習の記録、評価の方法等）である。保育実習計画の策定に当たっては、年度ごとに養成校と実習施設間で保育実習計画を共有するための取り組みを行っていくことが重要である。

第 **II** 部

STEP **1**

制度の現状と規定

1 保育実習の目的

　ここでは、「指定保育士養成施設の指定及び運営の基準について」（平成 15 年 12 月 9 日付け雇児発第 1209001 号厚生労働省雇用均等・児童家庭局長通知）の一部改正を通知した、「「指定保育士養成施設の指定及び運営の基準について」の一部改正について」（平成 30 年 4 月 27 日付け子発 0427 第 3 号厚生労働省子ども家庭局長通知）に基づいて整理する。なお、必要に応じて一部改正があるので、現在の内容を確実に確認するようにしたい。なお、改正の情報等は全国保育士養成協議会のウェブサイトでも随時提供しているので参照されたい。

（1）保育実習の目的

　実習基準では次のように定められている。

第 1　保育実習の目的

　保育実習は、その習得した教科全体の知識、技能を基礎とし、これら総合的に実践する応用能力を養うため、児童に対する理解を通じて保育の理論と実践の関係について習熟させることを目的とする。

　実習は、修得した知識、技能を総合的に実践する応用能力を養う教科目と位置づけられているため、主要かつ基礎的な教科目を履修した後に設定することが想定されている（後述）。

2 履修の方法

保育実習の種別、履修方法（単位数と日数）、実習施設は次のように定められている[1]。

第2　履修の方法

1　保育実習は、次表の第3欄に掲げる施設につき、同表第2欄に掲げる履修方法により行うものとする。

実習種別 （第1欄）	履修方法（第2欄）		実習施設 （第3欄）
	単位数	施設における おおむねの実習日数	
保育実習Ⅰ （必修科目）	4単位	20日	（A）
保育実習Ⅱ （選択必修科目）	2	10日	（B）
保育実習Ⅲ （選択必修科目）	2	10日	（C）

備考1　第3欄に掲げる実習施設の種別は、次によるものであること。

（A）……保育所、幼保連携型認定こども園又は児童福祉法第6条の3第10項の小規模保育事業（ただし、「家庭的保育事業等の設備及び運営に関する基準」（平成26年厚生労働省令第61号）第3章第2節に規定する小規模保育事業A型及び同基準同章第3節に規定する小規模保育B型に限る）若しくは同条第12項の事業所内保育事業であって同法第34条の15第1項の事業及び同法同条第2項の認可を受けたもの（以下「小規模保育A・B型及び事業所内保育事業」という。）及び乳児院、母子生活支援施設、障害児入所施設、児童発達支援センター、障害者支援施設、指定障害福祉サービス事業所（生活介護、自立訓練、就労移行支援又は就労継続支援を行うものに限る）、児童養護施設、児童心理治療施設、児童自立支援施設、

---

[1] 厚生労働省雇用均等・児童家庭局局長通知「指定保育士養成施設の指定及び運営の基準について」別紙2（平成30年4月27日子発0427第3号改正現在）

　　　　　児童相談所一時保護施設又は独立行政法人国立重度知的障害者総
　　　　　合施設のぞみの園

　　（B）……保育所又は幼保連携型認定こども園或いは小規模保育Ａ・Ｂ型及び
　　　　　事業所内保育事業

　　（C）……児童厚生施設又は児童発達支援センターその他社会福祉関係諸法
　　　　　令の規定に基づき設置されている施設であって保育実習を行う施
　　　　　設として適当と認められるもの（保育所及び幼保連携型認定こど
　　　　　も園並びに小規模保育Ａ・Ｂ型及び事業所内保育事業は除く。）

　備考２　保育実習（必修科目）４単位の履修方法は、保育所又は幼保連携型認
　　　　　定こども園或いは小規模保育Ａ・Ｂ型及び事業所内保育事業における実
　　　　　習２単位及び（Ａ）に掲げる保育所又は幼保連携型認定こども園或いは
　　　　　小規模保育Ａ・Ｂ型及び事業所内保育事業以外の施設における実習２単
　　　　　位とする。

　備考３　児童福祉法（昭和22年法律第164号。以下「法」という。）第６条
　　　　　の３第９項に規定する家庭的保育事業又は、「家庭的保育事業等の設備
　　　　　及び運営に関する基準」（平成26年厚生労働省令第61号）第３章第４
　　　　　節に規定する小規模保育事業Ｃ型において、家庭的保育者又は補助者と
　　　　　して、20日以上従事している又は過去に従事していたことのある場合に
　　　　　あっては、当該事業に従事している又は過去に従事していたことをもっ
　　　　　て、保育実習Ⅰ（必修科目）のうち保育所又は幼保連携型認定こども園
　　　　　或いは小規模保育Ａ・Ｂ型及び事業所内保育事業における実習２単位、
　　　　　保育実習Ⅱ（選択必修科目）及び保育実習指導Ⅱ（選択必修科目）を履
　　　　　修したものとすることができる。

　保育実習は、保育所（いわゆる保育所実習＝保育実習Ⅰ・Ⅱ）と保育所以外の児童福祉
施設（いわゆる施設実習＝保育実習Ⅰ・Ⅲ）の２種類に大別されてきたが、2015（平成
27）年４月の子ども・子育て支援法の施行および児童福祉法の改正により、保育所実習
とされてきた枠に、幼保連携型認定こども園や地域型保育事業（小規模保育事業（Ａ型、
Ｂ型）、家庭的保育事業、事業所内保育事業）が加わった。保育実習Ⅲは、保育実習Ⅰの
施設実習より幅広く実習先を選定することができることも改めて確認しておきたい。

　また、備考３では、家庭的保育者または補助者として20日以上従事していれば保育所
実習を履修する必要がない。

3 実習の計画

養成課程において保育実習を計画するに当たって、単位数、時期、実習生数、保育実習計画、個人の秘密の保持について、次のように定められている[2]。

> 2 保育実習を行う児童福祉施設等及びその配当単位数は、指定保育士養成施設の所長が定めるものとする。
>
> 3 保育実習を行う時期は、原則として、修業年限が2年の指定保育士養成施設については第2学年の期間内とし、修業年限が3年以上の指定保育士養成施設については第3学年以降の期間内とする。
>
> 4 実習施設に1回に派遣する実習生の数は、その実習施設の規模、人的組織等の指導能力を考慮して定めるものとし、多人数にわたらないように特に留意するものとする。
>
> 5 指定保育士養成施設の所長は、毎学年度の始めに実習施設その他の関係者と協議を行い、その学年度の保育実習計画を策定するものとし、この計画において、全体の方針、実習の段階、内容、施設別の期間、時間数、学生の数、実習前後の学習に対する指導方法、実習の記録、評価の方法等を明らかにし、指定保育士養成施設と実習施設との間で共有すること。
>
> 6 実習において知り得た個人の秘密の保持について、実習生が十分配慮するよう指導すること。

実習時期は、実習の目的が、修得した知識、技能を総合的に実践する応用能力を養う教科目と位置づけられていることを踏まえて、原則として、2年制養成校であれば第2学年で、3年制以上の養成校では第3学年以降とされている。

また実習の効果を高めるために、実習生数が過度に多くならないよう求めている。

保育実習計画は、実習施設その他の関係者と協議を行って策定するものとされており、その際、実習前後の学習に対する指導方法、記録、評価方法などを明確化し、実習施設と確実に共有することが求められている。

---

2 前掲1

4 実習施設の選定と訪問指導

　実習施設をどのように選ぶか、また実習中の養成校教員による指導をどのようにするかについて、次のように定められている[3]。

第3　実習施設の選定等

1　指定保育士養成施設の所長は、実習施設の選定に当たっては、実習の効果が指導者の能力に負うところが大きいことから、特に施設長、保育士、その他の職員の人的組織を通じて保育についての指導能力が充実している施設のうちから選定するように努めるものとする。

　　特に、保育所の選定に当たっては、乳児保育、障害児保育及び一時保育等の多様な保育サービスを実施しているところで総合的な実習を行うことが望ましいことから、この点に留意すること。

　　また、居住型の実習施設を希望する実習生に対しては、実習施設の選定に際して、配慮を行うこと。

2　指定保育士養成施設の所長は、児童福祉施設以外の施設を実習施設として選定する場合に当たっては、保育士が実習生の指導を行う施設を選定するものとする。なお、その施設の設備に比較的余裕があること、実習生の交通条件等についても配慮するものとする。

3　指定保育士養成施設の所長は、教員のうちから実習指導者を定め、実習に関する全般的な事項を担当させ、当該実習指導者は、他の教員と連携して実習指導を一体的に行うこと。また、実習施設においては、主任保育士又はこれに準ずる者を実習指導者と定めること。

4　保育実習の実施に当たっては、保育実習の目的を達成するため、指定保育士養成施設の主たる実習指導者のみに対応を委ねることのないよう、指定保育士養成施設の主たる実習指導者は、他の教員・実習施設の主たる実習指導者等とも緊密に連携し、また、実習施設の主たる実習指導者は、当該実習施設内の他の保育士等とも緊密に連携すること。

---

3 前掲1

5　指定保育士養成施設の実習指導者は、実習期間中に少なくとも1回以上実習施設を訪問して学生を指導すること。なお、これにより難い場合は、それと同等の体制を確保すること。

6　指定保育士養成施設の実習指導者は、実習期間中に、学生に指導した内容をその都度、記録すること。また、実習施設の実習指導者に対しては、毎日、実習の記録の確認及び指導内容を記述するよう依頼する等、実習を効果的に進められるよう配慮すること。

　実習施設を選ぶ際には、実習の指導能力が充実している施設を選ぶこととされており、また保育所の選定に当たっては、総合的な実習を行うために、多様な保育サービスを実施しているところが望ましいとされている。児童福祉施設以外で実習を行う場合も実習指導は保育士が行うこととして、保育士資格取得のための実習という趣旨が担保されるよう規定されている。

　養成校も実習施設も、それぞれ実習指導者を定めなければならず、養成校における実習指導者と他の教員との間で、また実習施設における実習指導者と他の保育士等との間で、さらに養成校と実習施設の実習指導者どうしが緊密に連携することが求められる。

　訪問指導は、養成校の誰でもよいわけではなく、実習指導者が、実習期間中少なくとも1回は実施することとされている。なお、これにより難い場合は同等の体制の確保が求められており、これが、実習指導者だけでなく、十分に情報や指導方法を共有したうえで、養成校に所属する多くの教員で手分けして訪問指導を行ったり、相当な遠方の場合に電話連絡などを密に行ったりすることで訪問指導に代えるという対応をある程度許容することとしている。また、実習を効果的に進めるためとして、訪問指導の内容は記録することとされ、実習施設の実習指導者が毎日実習記録を確認し指導内容を記述するよう依頼することになっている。

5 実習施設の根拠法令

保育実習の対象となる施設（保育実習実施基準の（A）～（C））について、以下のとおり根拠法令を示すことによりその目的および事業内容等を示す。

1 実習施設（A）

■ 保育所

【児童福祉法】

第39条 保育所は、保育を必要とする乳児・幼児を日々保護者の下から通わせて保育を行うことを目的とする施設（利用定員が20人以上であるものに限り、幼保連携型認定こども園を除く。）とする。

② 保育所は、前項の規定にかかわらず、特に必要があるときは、保育を必要とするその他の児童を日々保護者の下から通わせて保育することができる。

■ 幼保連携型認定こども園

【児童福祉法】

第39条の2 幼保連携型認定こども園は、義務教育及びその後の教育の基礎を培うものとしての満3歳以上の幼児に対する教育（教育基本法（平成18年法律第120号）第6条第1項に規定する法律に定める学校において行われる教育をいう。）及び保育を必要とする乳児・幼児に対する保育を一体的に行い、これらの乳児又は幼児の健やかな成長が図られるよう適当な環境を与えて、その心身の発達を助長することを目的とする施設とする。

【就学前の子どもに関する教育、保育等の総合的な提供の推進に関する法律（認定こども園法）】

（定義）

第2条

7 この法律において「幼保連携型認定こども園」とは、義務教育及びその後の教育の基礎を培うものとしての満3歳以上の子どもに対する教育並びに保育を必要とする子どもに対する保育を一体的に行い、これらの子どもの健やかな成長が図

られるよう適当な環境を与えて、その心身の発達を助長するとともに、保護者に対する子育ての支援を行うことを目的として、この法律の定めるところにより設置される施設をいう。

■ 小規模保育 A・B 型及び事業所内保育事業

【児童福祉法】
第6条の3

⑩ この法律で、小規模保育事業とは、次に掲げる事業をいう。

一 保育を必要とする乳児・幼児であつて満3歳未満のものについて、当該保育を必要とする乳児・幼児を保育することを目的とする施設（利用定員が6人以上19人以下であるものに限る。）において、保育を行う事業

二 満3歳以上の幼児に係る保育の体制の整備の状況その他の地域の事情を勘案して、保育が必要と認められる児童であつて満3歳以上のものについて、前号に規定する施設において、保育を行う事業

※ただし、「家庭的保育事業等の設備及び運営に関する基準」（平成26年厚生労働省令第61号）第3章第2節に規定する小規模保育事業A型及び同基準同章第3節に規定する小規模保育B型に限る。

⑫ この法律で、事業所内保育事業とは、次に掲げる事業をいう。

一 保育を必要とする乳児・幼児であつて満3歳未満のものについて、次に掲げる施設において、保育を行う事業

イ 事業主がその雇用する労働者の監護する乳児若しくは幼児及びその他の乳児若しくは幼児を保育するために自ら設置する施設又は事業主から委託を受けて当該事業主が雇用する労働者の監護する乳児若しくは幼児及びその他の乳児若しくは幼児の保育を実施する施設

ロ 事業主団体がその構成員である事業主の雇用する労働者の監護する乳児若しくは幼児及びその他の乳児若しくは幼児を保育するために自ら設置する施設又は事業主団体から委託を受けてその構成員である事業主の雇用する労働者の監護する乳児若しくは幼児及びその他の乳児若しくは幼児の保育を実施する施設

ハ 地方公務員等共済組合法（昭和37年法律第152号）の規定に基づく共済組合その他の厚生労働省令で定める組合（以下ハにおいて「共済組合等」という。）が当該共済組合等の構成員として厚生労働省令で定める者（以下ハに

おいて「共済組合等の構成員」という。）の監護する乳児若しくは幼児及びその他の乳児若しくは幼児を保育するために自ら設置する施設又は共済組合等から委託を受けて当該共済組合等の構成員の監護する乳児若しくは幼児及びその他の乳児若しくは幼児の保育を実施する施設

二　満3歳以上の幼児に係る保育の体制の整備の状況その他の地域の事情を勘案して、保育が必要と認められる児童であつて満3歳以上のものについて、前号に規定する施設において、保育を行う事業

■乳児院

【児童福祉法】

第37条　乳児院は、乳児（保健上、安定した生活環境の確保その他の理由により特に必要のある場合には、幼児を含む。）を入院させて、これを養育し、あわせて退院した者について相談その他の援助を行うことを目的とする施設とする。

■母子生活支援施設

【児童福祉法】

第38条　母子生活支援施設は、配偶者のない女子又はこれに準ずる事情にある女子及びその者の監護すべき児童を入所させて、これらの者を保護するとともに、これらの者の自立の促進のためにその生活を支援し、あわせて退所した者について相談その他の援助を行うことを目的とする施設とする。

■障害児入所施設

【児童福祉法】

第42条　障害児入所施設は、次の各号に掲げる区分に応じ、障害児を入所させて、当該各号に定める支援を行うことを目的とする施設とする。

一　福祉型障害児入所施設　保護、日常生活の指導及び独立自活に必要な知識技能の付与

二　医療型障害児入所施設　保護、日常生活の指導、独立自活に必要な知識技能の付与及び治療

■児童発達支援センター（児童発達支援及び医療型児童発達支援を行うものに限る）

【児童福祉法】

第43条 児童発達支援センターは、次の各号に掲げる区分に応じ、障害児を日々保護者の下から通わせて、当該各号に定める支援を提供することを目的とする施設とする。

一　福祉型児童発達支援センター　日常生活における基本的動作の指導、独立自活に必要な知識技能の付与又は集団生活への適応のための訓練

二　医療型児童発達支援センター　日常生活における基本的動作の指導、独立自活に必要な知識技能の付与又は集団生活への適応のための訓練及び治療

■障害者支援施設

【障害者の日常生活及び社会生活を総合的に支援するための法律（障害者総合支援法）】

第5条

11　この法律において「障害者支援施設」とは、障害者につき、施設入所支援を行うとともに、施設入所支援以外の施設障害福祉サービスを行う施設（のぞみの園及び第1項の厚生労働省令で定める施設を除く。）をいう。

■指定障害福祉サービス事業所（生活介護、自立訓練、就労移行支援又は就労継続支援を行うものに限る）

【障害者の日常生活及び社会生活を総合的に支援するための法律（障害者総合支援法）】

第5条　この法律において「障害福祉サービス」とは、居宅介護、重度訪問介護、同行援護、行動援護、療養介護、生活介護、短期入所、重度障害者等包括支援、施設入所支援、自立訓練、就労移行支援、就労継続支援、就労定着支援、自立生活援助及び共同生活援助をいい、「障害福祉サービス事業」とは、障害福祉サービス（障害者支援施設、独立行政法人国立重度知的障害者総合施設のぞみの園法（平成14年法律第167号）第11条第1号の規定により独立行政法人国立重度知的障害者総合施設のぞみの園が設置する施設（以下「のぞみの園」という。）その他厚生労働省令で定める施設において行われる施設障害福祉サービス（施設入所支

援及び厚生労働省令で定める障害福祉サービスをいう。以下同じ。）を除く。）を
行う事業をいう。

児童養護施設

【児童福祉法】

第41条　児童養護施設は、保護者のない児童（乳児を除く。ただし、安定した生
活環境の確保その他の理由により特に必要のある場合には、乳児を含む。以下こ
の条において同じ。）、虐待されている児童その他環境上養護を要する児童を入所
させて、これを養護し、あわせて退所した者に対する相談その他の自立のための
援助を行うことを目的とする施設とする。

児童心理治療施設

【児童福祉法】

第43条の2　児童心理治療施設は、家庭環境、学校における交友関係その他の環
境上の理由により社会生活への適応が困難となつた児童を、短期間、入所させ、
又は保護者の下から通わせて、社会生活に適応するために必要な心理に関する治
療及び生活指導を主として行い、あわせて退所した者について相談その他の援助
を行うことを目的とする施設とする。

児童自立支援施設

【児童福祉法】

第44条　児童自立支援施設は、不良行為をなし、又はなすおそれのある児童及び
家庭環境その他の環境上の理由により生活指導等を要する児童を入所させ、又は
保護者の下から通わせて、個々の児童の状況に応じて必要な指導を行い、その自
立を支援し、あわせて退所した者について相談その他の援助を行うことを目的と
する施設とする。

■児童相談所一時保護施設

【児童福祉法】

第33条　児童相談所長は、必要があると認めるときは、第26条第1項の措置を採るに至るまで、児童の安全を迅速に確保し適切な保護を図るため、又は児童の心身の状況、その置かれている環境その他の状況を把握するため、児童の一時保護を行い、又は適当な者に委託して、当該一時保護を行わせることができる。

②　都道府県知事は、必要があると認めるときは、第27条第1項又は第2項の措置を採るに至るまで、児童の安全を迅速に確保し適切な保護を図るため、又は児童の心身の状況、その置かれている環境その他の状況を把握するため、児童相談所長をして、児童の一時保護を行わせ、又は適当な者に当該一時保護を行うことを委託させることができる。

③　前2項の規定による一時保護の期間は、当該一時保護を開始した日から2月を超えてはならない。

④　前項の規定にかかわらず、児童相談所長又は都道府県知事は、必要があると認めるときは、引き続き第1項又は第2項の規定による一時保護を行うことができる。

⑤　前項の規定により引き続き一時保護を行うことが当該児童の親権を行う者又は未成年後見人の意に反する場合においては、児童相談所長又は都道府県知事が引き続き一時保護を行おうとするとき、及び引き続き一時保護を行つた後2月を経過するごとに、都道府県知事は、都道府県児童福祉審議会の意見を聴かなければならない。ただし、当該児童に係る第28条第1項第1号若しくは第2号ただし書の承認の申立て又は当該児童の親権者に係る第33条の7の規定による親権喪失若しくは親権停止の審判の請求がされている場合は、この限りでない。

※「児童相談所運営指針」の「第5章　一時保護」も参照のこと。

■独立行政法人国立重度知的障害者総合施設のぞみの園

【独立行政法人国立重度知的障害者総合施設のぞみの園法】

（のぞみの園の目的）

第3条　独立行政法人国立重度知的障害者総合施設のぞみの園（以下「のぞみの園」という。）は、重度の知的障害者に対する自立のための先導的かつ総合的な支援の提供、知的障害者の支援に関する調査及び研究等を行うことにより、知的障害者

の福祉の向上を図ることを目的とする。

（業務の範囲）

第11条 のぞみの園は、第3条の目的を達成するため、次の業務を行う。

一　重度の知的障害者に対する自立のための先導的かつ総合的な支援を提供するための施設を設置し、及び運営すること。

二　知的障害者の自立と社会経済活動への参加を促進するための効果的な支援の方法に関する調査、研究及び情報の提供を行うこと。

三　障害者支援施設（障害者の日常生活及び社会生活を総合的に支援するための法律（平成17年法律第123号）第5条第11項に規定する障害者支援施設をいう。次号において同じ。）において知的障害者の支援の業務に従事する者の養成及び研修を行うこと。

四　知的障害者の支援に関し、障害者支援施設の求めに応じて援助及び助言を行うこと。

五　前各号に掲げる業務に附帯する業務を行うこと。

2 実習施設（B）【以下いずれも前掲】

■ 保育所

■ 幼保連携型認定こども園

■ 小規模保育A・B型

■ 事業所内保育事業

3 実習施設（C）

■ 児童厚生施設

【児童福祉法】

第40条 児童厚生施設は、児童遊園、児童館等児童に健全な遊びを与えて、その健康を増進し、又は情操をゆたかにすることを目的とする施設とする。

■ 児童発達支援センターその他社会福祉関係諸法令の規定に基づき設置されている施設であって保育実習を行う施設として適当と認められるもの（保育所及び幼保連携型認定こども園並びに小規模保育A・B型及び事業所内保育事業は除く。）

表 II-S1-1 保育実習に係る保育事業の類型

子ども・子育て支援法における類型	施設または事業の名称	施設または事業の概要	利用定員	対象となる子どもの保育認定＊	保育者
施設型保育	保育所	保育を必要とする乳児・幼児を日々保護者の下から通わせて保育を行う	20人以上	2号3号	保育士
	幼保連携型認定こども園	満3歳以上の幼児に対する教育及び保育を必要とする乳児・幼児に対する保育を一体的に行い、これらの乳児又は幼児の健やかな成長が図られるよう適当な環境を与えて、その心身の発達を助長するとともに、保護者に対する子育ての支援を行う		1号2号3号	原則として保育教諭 ※保育士資格及び幼稚園教諭免許を併有
地域型保育	小規模保育A型	小規模保育事業は、保育を必要とする満3歳未満の乳児・幼児の保育を行う、利用定員が6人以上19人以下である事業	概ね10人〜19人	原則として3号	保育士
	小規模保育B型	※保育所に近い規模のものがA型、家庭的保育事業（5人以下）に近いものがC型（6〜10人）、B型はその中間			2分の1以上が保育士
	事業所内保育事業	事業所が主体となって、保育を必要とする事業所の従業員の子ども及び保育を必要とする地域の子どもの保育を行う			20名以上；保育所の基準と同様 19名以下；小規模保育A型・B型の基準と同様

＊保育認定　1号認定の子ども　3歳以上、教育時間（4時間）
　　　　　　2号認定の子ども　3歳以上、保育時間（8〜11時間）
　　　　　　3号認定の子ども　3歳未満、保育時間（8〜11時間）

第II部

STEP 2

全国保育士養成協議会
としての
ミニマムスタンダード

1 実習指導（保育所等）

　保育実習指導Ⅰおよび保育実習指導Ⅱは、保育実習を行うにあたっての事前・事後指導の科目であり、主として学内で行われる授業である。

　保育実習指導Ⅰおよび保育実習指導Ⅱの目標と内容（厚生労働省の示した「教科目の教授内容」）は、それぞれ表Ⅱ-S2-1（p.59）、表Ⅱ-S2-7（p.69）に掲げたとおりであり、それらに沿って授業が行われる。

　それらの目標と内容を踏まえ、「1　保育実習指導Ⅰ（保育所等）における事前・事後の指導」（p.58〜）では、保育実習Ⅰに向けて、養成校として学生に指導しておきたい標準的な事項（「事前・事後指導」のあり方）についてまとめた。また、「2　保育実習指導Ⅱ（保育所等）における事前・事後の指導」（p.68〜）では、保育実習Ⅱに向けて学生に指導しておきたい標準的な事項（「事前・事後指導」のあり方）についてまとめた。

　項目をまとめるにあたっては、以下の観点から整理した。

> ①　学生が事前・事後指導の具体的な内容を的確に理解できる項目であること
>
> ②　学生の主体的な学習が、既習の科目の復習を促すとともに、未習の科目を視野に入れた次の学習に連動・継続する項目であること
>
> ③　演習形態による学生の協働的な学習および個別的な指導を視野に入れた事前・事後指導に関する項目であること
>
> ④　「保育実習指導Ⅱ」は2回目の保育所等実習の事前・事後指導であることから、「保育実習指導Ⅰ」で取り上げる事項を前提としつつ、発展的に準備したり学んだりする事項であること
>
> ⑤　養成校と実習施設との連携を意識した項目であること

1 保育実習指導Ⅰ（保育所等）における事前・事後の指導

1 保育実習の意義

■1 実習の目的

　ここでは、保育士養成課程における保育実習Ⅰの位置づけに基づき、実習の意義と目的を理解できるようにする。すなわち、実際の保育の場に身をおき、保育士の指導のもとで、実際に子どもとの生活をともにしながら、保育所等の役割や保育士の職務を学ぶことの意

表 II-S2-1 保育実習指導Ⅰの目標および内容

<目標>
1. 保育実習の意義・目的を理解する。
2. 実習の内容を理解し、自らの実習の課題を明確にする。
3. 実習施設における子どもの人権と最善の利益の考慮、プライバシーの保護と守秘義務等について理解する。
4. 実習の計画・実践・観察・記録・評価の方法や内容について具体的に理解する。
5. 実習の事後指導を通して、実習の総括と自己評価を行い、今後の学習に向けた課題や目標を明確にする。

<内容>
1. 保育実習の意義
　（1）実習の目的
　（2）実習の概要
2. 実習の内容と課題の明確化
　（1）実習の内容
　（2）実習の課題
3. 実習に際しての留意事項
　（1）子どもの人権と最善の利益の考慮
　（2）プライバシーの保護と守秘義務
　（3）実習生としての心構え
4. 実習の計画と記録
　（1）実習における計画と実践
　（2）実習における観察、記録及び評価
5. 事後指導における実習の総括と課題の明確化
　（1）実習の総括と自己評価
　（2）課題の明確化

義を理解できるようにする。なぜ実習という形態で学ぶのか、その実習で何を学ぶのかという意識づけが実習の目的につながる。

2 実習の概要

　実習では、養成校で学んだことを実践してみるとともに、その経験によって自らの課題を明らかにすることが重要な目的となる。したがって、実習の前後ならびに実習期間（おおむね10日間）の中で行わなければならないことの概要を把握することが必要である。

　また、実習が養成校での学びと保育現場（社会）との接点であることに留意しつつ、実習を行うにあたっての対外的な手続き（作業スケジュール）を理解しておくことも大切である（表Ⅱ-S2-2）。したがって、事前指導では、このような作業スケジュールと関連して、出席表の付け方（時刻記入や捺印）、欠席・遅刻・早退の際の連絡方法、自家用車使用の際の届出、暴風等の特別警報・警報の際の対応、自身がけがをしたり相手にけがをさせて

表 II-S2-2 実習に関連する作業スケジュールの例

日程	学生・養成校の対応
養成校の実状に応じて適宜日程を設定する	実習施設の決定
	実習施設その他の関係者との協議（保育実習計画の策定）
	実習依頼状等の送付
	学生自身による事前訪問
	細菌検査の実施 1
実習期間の設定	保育実習 教員による訪問指導
養成校の実状に応じて適宜日程を設定する	学生個別の礼状の送付 養成校としての礼状の送付
	保育所等から評価票の受領
	実習振り返り（個人、小グループ、全体会、保育所等を交えた会合等）
	養成校としての成績評価

＊学生・養成校の対応は、1 年以上前から始めることがある。また、実習期間は養成校の学年暦や実習先の状況に応じて設定する。
＊毎年度の始めに実習施設等と協議を行い、保育実習計画を策定する。
＊細菌検査（検便検査）の項目は、赤痢菌、サルモネラ菌、O−157 等。
＊自治体や施設によっては、健康診断書の提出を求められることがある。
＊自治体や施設によっては、「契約書」を取り交わしたり、「誓約書」の提出を求められたりすることがある。
＊細菌検査の陽性反応やインフルエンザの罹患等、実習を中止または延期にする際の基準（申し合わせ等）を設けることが必要である。

※実習科目の履修については、養成校で独自に履修要件（既修得単位数、既修得科目等）を定めることがある。その場合は、実習指導者または担当課によってその要件を満たしているかどうかの確認が必要となる。
※実習施設については、その種別が多様であること（保育所、幼保連携型認定こども園、小規模保育事業など）や地域の実状等をあらかじめ学生に説明することが必要となる。そのうえで実習先の決定については、学生の希望調査を行うなどして、学生が主体的に実習先を選べるように配慮する。
※実習施設の決定に至るまでの過程においては、養成校と自治体、養成校と保育所等の連絡体制をとり、必要に応じて十分協議する。
※実習施設の種別によって、施設の役割や子どもの年齢に応じた実習の目標を設定する。また、実習に出る学年や時期によって、実習の目標のレベルを調整する。

---

1 児童福祉施設等における細菌検査（検便検査）の実施は、下記の通知に基づいている。
「社会福祉施設における衛生管理について」（平成 9 年 3 月 31 日　社援施第 65 号）、「児童福祉施設等における衛生管理の改善充実及び食中毒発生の予防について」（平成 9 年 6 月 30 日　児企第 16 号）
また、「大量調理施設衛生管理マニュアル」（平成 9 年 3 月 24 日付け衛食第 85 号別添）（最終改正：平成 29 年 6 月 16 日付け生食発 0616 第 1 号）も参照のこと。

表 II-S2-3 実習の段階

（1）観察実習

・実習保育所等の職員の役割や環境構成を理解する。

・1日の保育の流れと保育所等における子どもの行動を理解する。

・子どもの行動（個別及び集団）を観察する。

・緊急の際の避難経路を確認する。等

（2）参加実習

・子どもと生活をともにして1日の生活の内容を体験する。

・子どもと生活をともにしながら保育士の補助的な立場をとり、保育士としての態度や技術等を習得する。特に、子どもの安全面、衛生面の配慮の仕方を学ぶ。

・養護と教育が一体的に行われることを理解する。

・保育士等の職務内容に応じた役割分担およびチームワークについて学ぶ。

・子どもの個人差について理解し、対応方法を習得する。特に発達過程や生活環境に伴う子どものニーズを理解し、その対応方法を学ぶ。

・子どもの保護者とのコミュニケーションの方法を学ぶ。

・家庭と地域の生活実態にふれて、子育てを支援するための連携の基礎を学ぶ。

・子どもの最善の利益を尊重する保育の方法を学ぶ。等

（3）指導実習

・短時間あるいは1日の指導計画を担当保育士等の指導のもとに立案し、実践する。

・全体的な計画および指導計画の意義を理解し、保育内容関連科目で習得したことを活かして実践する。

・特に、個人差に配慮した保育を展開できるように心がける。

しまったりしたときの保険適用、礼状の書き方など、養成校および実習施設双方に対する適切な対応を学ぶ。

2 実習の内容と課題の明確化

1 実習の内容

　一般的に、実習には段階（観察実習、参加実習、指導実習）（表 II-S2-3）があることを理解するとともに、段階に応じて自らの実習の目標を設定する。ただ、保育実習 I（保育所等）では必ず指導実習まで行わなければならないわけではなく、状況に応じて子どもとかかわる経験ができることが望ましい。

　どの段階まで進むにしても、学生は、実習を通して調べたいこと、確認したいこと、挑

表 II-S2-4 実習の課題例〔保育所を例に〕

テーマ	課題の例
保育所の役割	保育所の1日の生活の流れ（デイリープログラム） 保育を必要とする子どもの保育 保護者の支援 地域における子育て支援 養護と教育の一体化 保育所の社会的責任 他の専門機関との連携
保育士の職務と役割	子どもの保育 保護者や子育て家庭の支援 保育士の配置や職員体制（協働性） 保育士の職業倫理
子どもの発達過程	月齢・年齢による子どもの発達（身体的・社会的・知的・道徳的） 大人と子どもの相互のかかわり 子どもの遊びと仲間関係
保育の内容と方法	年齢にふさわしい保育の内容と方法 異年齢の子どもの交流と保育内容 障がいのある子どもの保育 生活習慣の自立に向けた援助 保育所における行事 保育の過程（PDCA サイクルの現状）
保育の環境	年齢や季節にふさわしい環境の構成 子どもの自発性を育む魅力的な環境 年齢にふさわしい絵本や紙芝居等の教材 保健的な環境の整備 安全対策と事故防止のための環境

戦してみたいこと等、自らの達成すべき課題をあらかじめ設定することが必要である（表II-S2-4）。このような課題に対する自らの行為や経験が実習の内容となる。

2 実習の課題

実習は段階を追って進められていくが、自分がどの年齢のクラスに配属されるかによっても学び方が変わってくる。クラス配属には様々なパターンが考えられるので（「3 『保育実習 I（保育所）』と『保育実習 II』」（p.93）を参照）、それに応じて課題を設定する。

実習の内容と関連して、実習の「評価票」についてあらかじめ学生に説明しておく必要がある。すなわち、自分は実習において、どのような評価項目、どのような着眼点から評価を受けることになるのかを事前に理解しておくということである。後述するように、この評価票は事後指導において、学生の希望に応じて開示するものであることを伝えておく

必要がある（「3 『保育実習Ⅰ（保育所）』と『保育実習Ⅱ』」（p.93）を参照）。同時に、実習施設に対しては、実習の依頼の時点で、評価の留意点と併せて、評価票は学生に開示する旨を伝えておくことが必要である。

3 実習に際しての留意事項

1 子どもの人権と最善の利益の考慮

人権および子どもの最善の利益について、憲法、児童福祉法、児童憲章、児童の権利に関する条約、保育所保育指針に示されている内容を理解する。また、発達の個人差、性差、障がいのある子ども、家庭の状況、国籍の違い等、人権に配慮すべき側面が多様にあることをふまえたうえで、実習に臨むことが大切である。保育実習指導Ⅰでは、人権および子どもの最善の利益に係る内容について、他の科目の授業内容と関連づけながら復習的、重層的に取り上げることが望ましい。

実習では、保育士の言動を観察して、子どもの人権に配慮した保育がなされていることに気づき、自らも実践することが大切である。

2 プライバシーの保護と守秘義務

秘密保持義務については、児童福祉法第18条の22をふまえ、実習生の立場であっても、実習中に子どもや家庭について知り得た秘密は守り、実習が終わっても漏らさないようにしなければならない。また、実習日誌などの記述や取り扱いにも十分に留意する必要がある。

【児童福祉法】

第18条の22 保育士は、正当な理由がなく、その業務に関して知り得た人の秘密を漏らしてはならない。保育士でなくなった後においても、同様とする。

第61条の2 第18条の22の規定に違反した者は、1年以下の懲役又は50万円以下の罰金に処する。

② 前項の罪は、告訴がなければ公訴を提起することができない。

---

3 実習生としての心構え

実習は養成校での学びと保育現場（＝社会）との接点であることから、実習生としての心構えをしっかりともつことが大切である。併せて、子どもたちにとっては、たとえ実習生であっても「保育士（先生）」と受けとめられることから、自らの言動に注意を払う必要がある。以下に要点をまとめておきたい。

○実習では、子どもおよび保育士等の職員から学ばせていただくという謙虚な気持ちをも

ち、意欲的に、かつ誠実に臨む。また、助言を受けたり、実習日誌の添削を受けたりしたときは丁寧な対応を心がける。
○社会人としての自覚をもち、礼儀を心がける。挨拶や会話等の言葉づかい、出席の時刻や提出物の期限等の遵守、日誌等の表現（書き言葉）に留意する。
○実習の服装や身なりは養成校または実習施設の指示にしたがう。
○笑顔で、明るい表情で、丁寧な言葉づかいで対応する。
○「報告・連絡・相談（ホウ・レン・ソウ）」と呼ばれる行為が大切であり、ささいなことであっても必ず担当の保育士や施設長に連絡する。施設外からの連絡の際は、メールではなく、電話によって確実に用件を連絡する。
○実習施設あるいは実習の内容に関連する情報についてはSNS等による発信はしない。ただし、自分が実習中に作成した装飾や作品について、写真等の記録に残したい場合は、その理由を説明し、必ず実習施設の許可を得てから行う。
○打ち合わせやふり返りの会（反省会）には、必ずノートと筆記用具をもって臨み、きちんと書き留める。
○自らの健康管理に留意する。麻しん、風しん等の抗体検査を受け、抗体が確認できなかった場合には予防接種を受けることが望ましい[2]。

4 実習の計画と記録

1 実習における計画と実践

　保育の実践の前には、その準備として「観察」と「計画の立案」が必要である。観察には、子どもや保育士の言動のみならず、遊具や設備もその対象となる。

　計画の立案とは、実践に向けた指導計画を作成することである。その月や週の保育のねらい、あるいは前の週からの継続性をふまえたうえで、子どもに興味や関心をもってもらいたいこと、自分のやってみたいことを保育の内容として立案することが必要であり、「保育の過程」という一連の流れがあることを意識して実践することが大切である。

　実習における計画と実践では、保育所保育指針の第1章（総則）に基づいて、全体的な計画および指導計画の意義を学ぶ。そして、養成校の書式に沿って、指導計画の書き方を学ぶ。指導計画の記載項目例として、「時間」「保育のねらいと内容」「保育の内容に応じた環境構成」「実習生の援助と配慮」などがあげられる。

　絵本の読み聞かせや手遊びなど、短い時間の保育場面にも積極的に取り組むことが望ましい。実習では指導計画を伴わない偶発的、即興的な実践もありうるので、そのための準

---

[2]「指定保育士養成施設の保育実習における麻しん及び風しんの予防接種の実施について」平成27年4月17日雇児保発0417第1号

備と心構えも必要である。

　実践の後には必ずふり返りと自己評価を行う。実習用の指導計画の書式には、一般的には「実習生によるふり返り」や「担当保育士からの助言・感想」の欄が設けられている。書き留めるという行為を通じて自分の実践をふり返ったり、保育士からの指摘を受けたりしながら、自分の良いところと改善するところを見つけることが大切である。

【記録と保育の内容の見直し、改善】

　子どもは、日々の保育所の生活の中で、様々な活動を生み出し多様な経験をしている。こうした姿を記録することは、保育士等が自身の計画に基づいて実践したことを客観化することであり、記録という行為を通して、保育中には気付かなかったことや意識していなかったことに改めて気付くこともある。

　記録をする際には、子どもに焦点を当てて、生活や遊びの時の様子を思い返してみる視点と、一日の保育やある期間の保育について、保育士等が自分の設定したねらいや内容・環境の構成・関わりなどが適切であったかといったことを見直してみる視点がある。この双方の視点から保育を記録することによって、子どもの生活や遊びにおける保育士等と子どもとの多様な相互作用の様子が明らかとなる。

　こうした記録を通して、保育士等は子どもの表情や言動の背後にある思いや体験したことの意味、成長の姿などを的確かつ多面的に読み取る。その上で、指導計画に基づく保育の実践やそこでの一人一人の子どもに対する援助が適切であったかどうかを振り返り、そこで浮かび上がってきた改善すべき点を次の指導計画に反映させていく。

　この一連の流れが保育の過程であり、この循環的な過程が絶えず繰り返されながら、日々の保育は連続性をもって展開されるとともに、保育における子どもの育ちが意識化され、長期的な見通しに基づく保育の方向性が具体化される。さらに、こうした過程を通して保育士等が子どもに対する理解を深めることは、保育の質を向上させていく基盤となる。[3]

---

2 実習における観察、記録および評価

　子どもの観察の視点として、子どもが今興味や関心をもっていること、前の週から引き継いでいる遊び、クラスではやっていること等があげられる。また、保育士を観察する視点として、子どもへのかかわり方や援助の方法、子どもへの言葉づかい、他の保育士との

---

[3] 厚生労働省「保育所保育指針解説」（平成30年2月22日発出）p.61

かかわりや連携等があげられる。

　子どもの観察には、クラス全体に目配りする視点と、一人一人の子どもの様子に着目する視点がある。平成29年告示の保育所保育指針の第3章（健康及び安全）の中で用いられている「観察」の視点も日々欠かせない。

　観察したことを書き留めるのが記録である。記録の取り方にはいろいろな方法があるが、実習においては、子どもについても保育士についても、逸話記録法（エピソード法）または参加記録法が一般的である（表Ⅱ-S2-5）。ただ観察するだけでは記録に残す際に記憶に頼らなければならず、その時その時の感じ方を思い起こせなくなることもある。一方で、記録を取ることばかりに集中すると傍観者になってしまい、子どもとのかかわりができなくなってしまう。両方のバランスを保った書き留め方が望ましい。

　実習の記録として大切なのが「実習日誌」である（養成校によっては「実習ノート」と呼ぶことがある）。この記録は、自分の実習の記録であると同時に施設長や担当保育士に報告する文書でもある。実習終了後は養成校に提出し、評価の対象となるものでもあり、日誌の記載と提出は重要な課題のひとつである。

　実習日誌は様々な内容で構成されている。実習の事前指導では、これらの中身および記載の方法について学ぶとともに、言葉づかいや実習施設への提出の仕方を学ぶ（「4　実習日誌の作成（p.106）を参照）。

【実習日誌の中身の例】

○実習保育所の概要

○実習生の目標

○毎日の記録（実習日誌、エピソード記述）

○指導計画（部分実習用）

○実習の振り返り（ふり返りの会用記録）

○実習施設からの所見・感想

＊実習日誌の中には、実習施設側が記載する欄（所見や感想等の記載欄）がある。

＊記載内容について、担当保育士等から加筆や修正などの指導を受けることがある。

　実習中は担当保育士との打ち合わせや日誌等の添削が行われる。そこでの助言や記載内容をもとに、同じような指摘を再び受けることがないよう、改善していく姿勢が大切である。

　実習中の評価としては、実習の中間時点、部分実習等の実践を終えた後、あるいは実習終盤において、保育所内でふり返りの会（反省会）が行われることがある。そこでの様々な指摘や助言は学生のふり返りにとって重要な情報となる。最終的には、評価票による評

表 II-S2-5 記録の取り方

逸話記録法 （エピソード法）	参加観察法	時間見本法	行動見本法 （チェックリスト法）
「いつ」「誰が」「どのような場面で」「どんな行動をしたか」を逸話形式で書き記す方法	観察者自身が、観察対象となっている集団の生活に参加し、その一員としての役割を演じながら、そこに生起する事象を多角的に、長期にわたり観察する方法	あらかじめ決められた時刻と時間間隔の範囲内で、特定の行動が現れる回数やその持続時間等を記録する方法	あらかじめ観察する行動を決めておき、その行動が現れたらチェックする方法

価が行われ、養成校に返送されてくる。

5 事後指導における実習の総括と課題の明確化

1 実習の総括と自己評価

　実習の総括とは、実習をふり返り、実習を通しての学びや気づき、そして反省することや新たな課題をじっくりと考え、自分なりに整理することである。

　養成校に戻ってからは、事後指導において、実習を丁寧にふり返ることが必要である。事後指導では、実習を総括するための材料は、実習日誌、実習施設からの評価票が中心となるが（様式例は「6　実習評価」（p.135）を参照）、それらの材料と事後指導の形態を適宜組み合わせ（表II-S2-6）、実習指導者による事後指導を通して、学生自身が自らのよさに気づき、また今後の学習課題を明らかにできるようにすることが必要である。

　評価票は、学生の主体的な学びを促すものとして、"原則として開示するもの"と位置づけることが望ましい。保育所側の評価と自己評価を比較して、その共通点や相違点について実習指導者と意見を交わしたり、その時々の自分の思いや感情を呼び起こしたりしながらふり返ることになるであろう。そこでは、今まで気づいていなかった自分の長所を見出すこともある。それは、他者からの視点による新たな自己の気づきともいえるものである。評価を引き受け、自己の課題を明確にして主体的に学びに向かう意味において評価票の開示は有効と考える。

　なお、事後指導では、学生に実習施設宛てに礼状を書くように指導することが必要である。事前指導の段階で一度話をしておき、事後指導において改めて指示することもできる。礼状は社会的な儀礼を学ぶ機会であると同時に、自身の実習をふり返る機会でもある。一般的な文例や書式にならいつつも、形式的にならず、自分の言葉で気持ちを込めて書くよ

表 II-S2-6 事後指導の材料と形態

実習の総括のための材料（例）	事後指導の形態（例）
・実習日誌 ・実習施設からの評価票 ・自己のふり返りシート ・実習施設への出席表 ・教員による訪問指導報告書	・自己によるふり返り（ふり返りシート等） ・実習指導者との個別指導 ・グループ討議やグループワーク ・学年（クラス）発表会 ・実習未経験の学年への報告会 ・グループレポート集や実践報告集などの作成

うに指導するようにしたい。宛て先は、一般的には施設長であるが、担任の保育士や子どもたちなど様々なケースがありうる。

2 課題の明確化

事後指導においては、自己によるふり返り、グループ討議と発表、教員による個別指導、実習未経験の学生（学年）への実習報告会など様々な形式が考えられる。グループレポート集や実践報告集などを作成して自分たちの経験を共有したり、オープンキャンパス等で発表して成果を確認したりすることもできる。

実習保育所と養成校とでふり返りの会（反省会）を行うこともある。このような場に、学生が参加して発表を行う形態と学生が参加しない形態がある。

実習の総括は、これからの学習の課題の設定につながってくる。実習前に自ら設定した実習の目標や課題の達成状況の検証を通して、次の学習課題を明確にすることが必要である。これらの作業は、養成校における今後の履修計画（保育実習II・IIIを含む）にとって欠かせないものであり、今後の進路を考える大切な機会となるものである。

2 保育実習指導II（保育所等）における事前・事後の指導

保育実習指導II（保育所等）は、保育実習II（2回目の保育所等実習）に対する事前・事後指導に相当する科目である（表II-S2-7）。

保育実習IIは、保育実習I（保育所）からの連続性および発展性の観点から位置づけられる。そのことから、保育実習指導IIでは、保育実習I（保育所）で気づいた自己の学習課題および保育実習I以降に養成校で学んだ教科の内容をもとに、新たな実習の目標を設定し、総合的に保育をとらえる意識をもって実習を行えるようにすることが必要である。

その場合、保育実習IIで行う保育所等が、保育実習Iのときと同じ場合と違う場合が想定される。「1回目が私立保育所で2回目が公立保育所」のように設置形態を変えるケー

表 II-S2-7 保育実習指導 II の目標および内容

<目標>
1. 保育実習の意義と目的を理解し、保育について総合的に理解する。
2. 実習や既習の教科目の内容やその関連性を踏まえ、保育の実践力を習得する。
3. 保育の観察、記録及び自己評価等を踏まえた保育の改善について、実践や事例を通して理解する。
4. 保育士の専門性と職業倫理について理解する。
5. 実習の事後指導を通して、実習の総括と自己評価を行い、保育に対する課題や認識を明確にする。

<内容>
1. 保育実習による総合的な学び
   (1) 子どもの最善の利益を考慮した保育の具体的理解
   (2) 子どもの保育と保護者支援
2. 保育の実践力の育成
   (1) 子ども（利用者）の状態に応じた適切な関わり
   (2) 保育の知識・技術を活かした保育実践
3. 計画と観察、記録、自己評価
   (1) 保育の全体計画に基づく具体的な計画と実践
   (2) 保育の観察、記録、自己評価に基づく保育の改善
4. 保育士の専門性と職業倫理
5. 事後指導における実習の総括と評価
   (1) 実習の総括と自己評価
   (2) 課題の明確化

スもあれば、「1回目が保育所で2回目が小規模保育事業」というように種別を変えるケースもある。場所は同じ保育所であっても、2回目は担当年齢が違うというケースも考えられ、配属クラスを想定しながら実習目標を立てることになる。または、乳児保育、障がいのある子どもの保育といった、テーマを限定してクラス配属を希望することも考えられる。

　保育実習 II の実習施設の決定にあたっては、実習指導者は学生の目的意識を確認しながら進めていくことが必要である。同時に、保育実習指導 II では、実習施設がどこであっても、「保育所保育の基本は、養護と教育が一体的に行われる」ことを基軸に、2回目の実習としての発展性と連続性を考えられるような指導が必要である。

1 保育実習による総合的な学び

■ 子どもの最善の利益を考慮した保育の具体的理解

　保育士は、子どもの命を守り、人間形成の基礎を培う大変重要な役割を担っている。実習生はこうした現場に身をおき、自らも参加するわけである。2回目の実習として、その参加することの意味を1回目以上に深く考えることが大切であり、学ぶ意欲と熱意が一

層求められるところである。

2回目の実習としての「総合的な学び」とは、保育士に求められる専門性の観点（p.72参照）から、自らの力量を実践的に確かめるとともに、さらに新たな課題を見出すということである。その意味で保育実習Ⅱは、養成校におけるこれまでの学習の成果を発揮する機会といえる。

「子どもの最善の利益を考慮する」[4]とは、子どもの人権を尊重するとともに、保護者を含む大人の利益が優先されることのないように留意するということである。換言すれば、子どもの思いや欲求、ときには主張を受け止め、そこに配慮してかかわるということである。特に、自分の思いや欲求を言葉でうまく表すことのできない子どもの場合には、その気持ちを汲んで、代弁したり援助したりすることが求められる。実習では、保育士の言動をこのような「子どもの最善の利益の考慮」という観点から学ぶことが大切である。

２ 子どもの保育と保護者支援

保育実習Ⅱでは、実習の内容に保護者支援が加えられている。保護者支援は、保育所の重要な役割のひとつであるが、実習において、学生自身が保護者を支援したり、相談に対応したりすることは難しい。しかしながら、保育所がもつ保護者支援の役割を具体的な場面を通して学ぶことが大切である。

保育所保育指針の第4章（子育て支援）を参照するとともに、保護者支援の関連科目（「子ども家庭支援論」や「子育て支援」など）の内容をふまえて実習に臨む。

見学や観察の場面としては、次のようなことが想定される。

○保育所に入所している子どもの保護者に対する支援の場面
　・子どもの送迎時に保育士が保護者に子どもの様子を伝えている
　・連絡帳（お便り帳）を書いている
　・園便りやクラス便りを作成している
　・今日1日の出来事をボードに貼って玄関に置く　　など
○地域における子育て支援の場面
　・子育て家庭に保育所の機能を開放している（施設および設備の開放、体験保育等）
　・子育てに関する相談を実施している

---

4 2016（平成28）年6月の児童福祉法の改正により、第2条に「最善の利益」が明示された。
「第2条　全て国民は、児童が良好な環境において生まれ、かつ、社会のあらゆる分野において、児童の年齢及び発達の程度に応じて、その意見が尊重され、その最善の利益が優先して考慮され、心身ともに健やかに育成されるよう努めなければならない。」

・子育て家庭の交流の場を提供している

・一時保育を実施している　　など

※地域子育て支援センターを併設している保育所もあり、機会があればセンターの活動の観察・参加が望ましい。

保育実習Ⅰでの学びをふまえて、前述の課題（表Ⅱ-S2-4（p.62））をもとにして、総合的な学びの観点からさらに自分の目標を具体的に設定することが必要となる。

2　保育の実践力の育成

1 子どもの状態に応じた適切なかかわり

保育所等での2回目の実習ということから、子どもに対して実践的にかかわる場面が多くなる。結果として短時間の指導実習の回数が多くなったり、1日におよぶ指導実習に進んだりする場合がある。場合によっては1日を通した指導計画を立てるが、主となる保育士の役割を担って保育する指導実習は、必ずしも1日通して行う必要はなく、可能な保育場面で実習を行い、保育の実践力をつけられるようにしたい。

「子どもの状態に応じる」とは、いろいろな場面が想定される。たとえば、「月齢・年齢の発達過程」、「子ども同士の仲間関係」、「障がいの種類と程度」、「子どもの家庭の状況」、「文化や習慣の異なる家族の状況」などである。また1日の中でも体調の変化が生じたり、情緒が不安定になったりする。保育士は、このような一人一人の様々な状況に応じて、その都度適切な判断のもとで保育を実践している。学生もこのような状況に立ち合いながら、個別的な対応方法について学び、実践力を身につけることが求められる。

2 保育の知識・技術を活かした保育実践

指導実習等において、保育の知識や技術を活かした保育の内容を実践する。身体、音楽、造形、言語等に関する知識や表現技術を活用し、様々な用具、素材や教材等の特性を組み合わせながら、発達過程にふさわしい子どもの遊びを展開できるように実践を試みる。

3　計画と観察、記録、自己評価

1 保育の全体計画に基づく具体的な計画と実践

保育所等での2回目の実習ということから、指導計画の立案と実践は自らの目標に基づいて行うことが肝要である。同時に、保育所における全体的な計画または期・月の指導計画に沿った内容で実践することも必要である。そこから大きく逸脱するような内容は保育所等の計画のみならず、子どもの生活リズムを崩すことになりかねない。

指導計画の立案では、1日の生活の流れに沿って、子どもの状態に応じた適切なかかわ

りや特に援助が必要なことを具体的に想定しながら立案する力量が求められる。また、子どもの主体性が発揮されるような環境の構成を考えることと、そこで生み出される子どもの活動を予想することとの表裏一体の関係を意識しながら、指導計画を立案してみることもいいだろう。

❷ 保育の観察、記録、自己評価に基づく保育の改善

記録の取り方では、1日の時間の流れに沿って子どもの活動や保育士の援助の様子を書き留めるやり方や、エピソード記述と呼ばれる方法を試みることも考えられる[5]。子ども同士の会話や保育士の動き、声かけなどから心の動きを自分なりに考察して書いてみるという体験を2回目の実習に位置づけることもできる。

保育所によっては、ドキュメンテーションやポートフォリオ[6]などを活用して子どもの成長の様子を記録したり、保護者に発信したりしている。このようなやり方を見て、様々な記録の取り方や蓄積のやり方があることを学ぶ。

> ＊ドキュメンテーション……子どもの会話や活動の様子を言葉（説明文など）や写真、動画などで記録し、それらをパネル等に貼って掲示するやり方。保育士の保育の振り返りだけでなく、保護者とのコミュニケーションにも活用される。
>
> ＊ポートフォリオ……子どもの作品、写真、成長の記録などをファイルに入れるような形で蓄積し保存していくやり方。保育の評価にも活用される。

自己評価は、養成校独自のふり返りシートを活用するやり方、実際の実習評価票を用いて学生自らが評価するやり方など、養成校の工夫が求められる。後者のやり方は、施設側の評価と自己評価との異同を通して、相対的に自分の力量をとらえるのに有効と考えられる。保育実習指導Ⅰと同様、討論や面談を通して、学生自身が自らの自己評価に基づいて保育の改善につなげる視点を見つけ出す指導が求められる。

❹ 保育士の専門性と職業倫理

保育士の専門性について、「保育所保育指針解説」を参照し、実習中に保育士の言動を

---

5 参考文献として、鯨岡峻、鯨岡和子（2007）『保育のためのエピソード記述入門』ミネルヴァ書房、鯨岡峻（2009）『エピソード記述で保育を描く』ミネルヴァ書房、鯨岡峻（2013）『子どもの心の育ちをエピソードで描く』ミネルヴァ書房などがある。

6 文部科学省中央教育審議会初等中等教育分科会教育課程部会幼児教育部会では、幼児期にふさわしい評価の在り方に関連して次のように言及している。
「日々の記録や、実践を写真や動画などに残し可視化したいわゆる「ドキュメンテーション」、ポートフォリオなどにより、幼児の評価の参考となる情報を日頃から蓄積するとともに、このような幼児の発達の状況を保護者と共有することを通じて、幼稚園等と家庭が一体となって幼児と関わる取組を進めていくことが大切である。」（「幼児教育部会における審議のとりまとめ」（2016（平成28）年8月26日））

観察したり、自ら体験したりする中で、保育士としての専門的な知識・技能の意義を考察できるようにする。

職業倫理については、「全国保育士会倫理綱領」を参照し、実習中に保育士の言動を観察したり、自ら体験したりする中で、保育士の職業倫理の意義を考察できるようにする。

保育士の専門性と職業倫理の内容は、保育実習指導Ⅱの中で完結する形で指導できるものではない。したがって、保育実習指導Ⅰ（3．実習に際しての留意事項）に引き続き、再度、他の科目との連関を意識しつつ、事例などを活用して専門性や職業倫理を確認することが必要である。とりわけ、実習施設における人権の尊重と権利擁護の実際については、実習の場で経験的に習得する必要がある。

保育所の保育士に求められる主要な知識及び技術としては、次のようなことが考えられる。すなわち、①これからの社会に求められる資質を踏まえながら、乳幼児期の子どもの発達に関する専門的知識を基に子どもの育ちを見通し、一人一人の子どもの発達を援助する知識及び技術、②子どもの発達過程や意欲を踏まえ、子ども自らが生活していく力を細やかに助ける生活援助の知識及び技術、③保育所内外の空間や様々な設備、遊具、素材等の物的環境、自然環境や人的環境を生かし、保育の環境を構成していく知識及び技術、④子どもの経験や興味や関心に応じて、様々な遊びを豊かに展開していくための知識及び技術、⑤子ども同士の関わりや子どもと保護者の関わりなどを見守り、その気持ちに寄り添いながら適宜必要な援助をしていく関係構築の知識及び技術、⑥保護者等への相談、助言に関する知識及び技術、の六つである。

保育士には、こうした専門的な知識及び技術を、状況に応じた判断の下、適切かつ柔軟に用いながら、子どもの保育と保護者への支援を行うことが求められる。これらの知識や技術及び判断は、子どもの最善の利益を尊重することをはじめとした児童福祉の理念に基づく倫理観に裏付けられたものでなくてはならない。[7]

5 事後指導における実習の総括と課題の明確化

1 実習の総括と自己評価

実習前に自ら設定した実習の目標がどの程度達成できたのかについて自己評価を行う。保育実習指導Ⅰのときと同じように、実習評価票や実習日誌などを材料にして、グループ

---

7 厚生労働省「保育所保育指針解説」（平成30年2月22日発出）pp.17-18

討議や面談を通してふり返ることになる（表Ⅱ-S2-6、p.68）。その際に、保育実習Ⅰのときと比べて今の自分にはどのような力量が高まったのか、あるいはどのように理解の仕方が変化したのかなど、自己の変容という観点から意識的に考察を行う。

2回目の実習を終えたことによる自己成長感を実感しながら[8]、養成校におけるこれまでの学びの振り返りとともに自己の課題を見いだせることが望ましい。

❷ 課題の明確化

学年単位あるいは集団による討議では、学生が直面した事例を共有したり、相反する事例を対比させたりすることで、学生が保育の仕事や子ども理解について多面的に考える機会とすることができる。学生が相互に経験を突き合わせて、それぞれの違いを認識するということは養成校の学び方の特徴ともいえる。

カリキュラム上では、保育実習Ⅱは保育所等における最後の実習となる。このことから、学生の自己評価と実習施設からの評価票は、自らの進路選択にとって大きな判断材料にもなる。進路の相談では、実習指導者の助言も大きな影響力をもつと考えるべきであり、「保育実践演習」等の科目とも関連させながら学生が課題を明確にできるような指導が望ましい。

保育実習Ⅱの時期によっては、卒業までの期間が短い場合もある。保育職を目指すにあたってさらに学ぶべき課題を明確にできるような事後指導が大切である。また、この実習のあとに、幼稚園実習や児童館実習など他の種別の実習またはボランティアが行われる場合もあり、このような次への接続を意識しながら課題を明確にする事後指導も必要になってくる。

保育実習Ⅱと保育実習指導Ⅱが終わったからといって、保育士として十分に完成された力量が備わったわけではない。実習で学んだことは、「計画を立てて実践し、ふり返りを行って改善を図る」というひとつの態度であり、「直面した課題を他の先生たちや子どもたちの力も借りながら解決していく」という姿勢である。

保育の仕事は常に道半ばの中にあって、考え悩みながら課題の解決に臨むことであるのかもしれない。このような仕事の特性の一端を学ばせていただいたのが実習であるとすれば、保育を学ぶ学生自身がこれからの生き方、保育士となるビジョンをじっくりと考えることが実習の総括にふさわしい。

---

[8] 平成27年度専門委員会課題研究報告書（2016）『学生の自己成長感を保障する保育実習指導のあり方Ⅱ－ヒアリング調査からの検討－』一般社団法人全国保育士養成協議会では、「学生の成長曲線」の概念を提示し、複数の事例を紹介している。

【参考文献】

中澤潤他編（1997）『心理学マニュアル観察法』北大路書房

天田邦子他編（1999）『子どもを見る変化を見つめる保育』ミネルヴァ書房

全国保育士養成協議会編（2007）『保育実習指導のミニマムスタンダード』北大路書房

阿部和子他編（2014）『保育実習　第2版』ミネルヴァ書房

新保育士養成講座編纂委員会編（2015）『保育実習』全国社会福祉協議会

平成26年度専門委員会課題研究報告書（2015）『学生の自己成長感を保障する保育実習指導のあり方－保育実習指導Ⅰ・Ⅱ・Ⅲを中心に－』一般社団法人全国保育士養成協議会

平成27年度専門委員会課題研究報告書（2016）『学生の自己成長感を保障する保育実習指導のあり方Ⅱ－ヒアリング調査からの検討－』一般社団法人全国保育士養成協議会

近喰晴子他編（2016）『基本保育シリーズ⑳保育実習』中央法規出版

全国保育士養成協議会東北ブロック研究委員会（2016）『保育実習指導のガイドライン Ver.Ⅲ（平成28年4月）』

2 実習指導（施設）

　ここでは、保育実習指導Ⅰおよび保育実習指導Ⅲで行われる保育実習Ⅰ（施設）と保育実習Ⅲの事前・事後指導の取り組みについて説明する。これらの実習指導はすでに「1　実習指導（保育所等）」（p.58）に示した保育所における実習指導の内容と重なるが、保育所とその他の児童福祉施設等との利用対象者やそれに伴う施設機能の違いにより、事前に学ぶ内容は大きく異なる。「1　実習指導（保育所等）」同様に「1　保育実習指導Ⅰ（施設）および保育実習指導Ⅲにおける事前・事後の指導」（p.76 ～）では保育実習Ⅰ（施設）に向けて、養成校として学生に指導しておきたい標準的な事項について、「2　保育実習指導Ⅲにおける事前・事後の指導」（p.90 ～）では保育実習Ⅲに向けて学生に指導しておきたい標準的な事項についてまとめた。

　項目をまとめるにあたっては、以下の観点から整理した。

> ①　学生が事前・事後指導の具体的な内容を的確に理解できる項目であること
>
> ②　学生の主体的な学習が、既習の科目の復習を促すとともに、未習の科目を視野に入れた次の学習に連動・継続する項目であること
>
> ③　演習形態による学生の協働的な学習および個別的な指導を視野に入れた事前・事後指導に関する項目であること
>
> ④　保育実習指導Ⅲは 2 回目の施設実習の事前・事後指導であることから、保育実習指導Ⅰで取り上げる事項を前提としつつ、発展的に準備したり学んだりする事項であること
>
> ⑤　養成校と実習施設との連携を意識した項目であること

1 保育実習指導Ⅰ（施設）および保育実習指導Ⅲにおける事前・事後の指導

1 保育実習（施設）の意義

■1 実習の目的

　保育実習の目的は保育士の専門性を現場において学ぶことである。それは保育所以外の児童福祉施設等で行われる保育実習においても同様である。そのため保育実習Ⅰの目的は、保育所、施設ともに「（1）保育所、児童福祉施設等の役割や機能を具体的に理解する。（2）観察や子どもとの関わりを通して子どもへの理解を深める。（3）既習の教科目の内容を

表 II-S2-8 保育実習指導Ⅰ（施設）の目標および内容

<目標>
1. 保育実習の意義・目的を理解する。
2. 実習の内容を理解し、自らの実習の課題を明確にする。
3. 実習施設における子どもの人権と最善の利益の考慮、プライバシーの保護と守秘義務等について理解する。
4. 実習の計画・実践・観察・記録・評価の方法や内容について具体的に理解する。
5. 実習の事後指導を通して、実習の総括と自己評価を行い、今後の学習に向けた課題や目標を明確にする。

<内容>
1. 保育実習の意義
　（1）実習の目的
　（2）実習の概要
2. 実習の内容と課題の明確化
　（1）実習の内容
　（2）実習の課題
3. 実習に際しての留意事項
　（1）子どもの人権と最善の利益の考慮
　（2）プライバシーの保護と守秘義務
　（3）実習生としての心構え
4. 実習の計画と記録
　（1）実習における計画と実践
　（2）実習における観察、記録及び評価
5. 事後指導における実習の総括と課題の明確化
　（1）実習の総括と自己評価
　（2）課題の明確化

ふまえ、子どもの保育及び保護者への支援について総合的に理解する。（4）保育の計画・観察・記録及び自己評価等について具体的に理解する。（5）保育士の業務内容や職業倫理について具体的に理解する」[9]となっている。

2 実習の概要

「保育実習Ⅰ（施設）」は保育所等以外の児童福祉施設等での実習をする科目として位置づけられている。乳幼児を対象に主に日中の保育を担う保育所等と異なり、児童福祉施設等での実習はその施設種別の多様さから、学生自身が配属されている施設のみならず他の施設の機能や多様な専門性をもつ職員の専門性などについても理解しておく必要がある

9　厚生労働省雇用均等・児童家庭局局長通知「指定保育士養成施設の指定及び運営の基準について」（平成30年4月27日子発0427第3号改正現在）

表 II-S2-9 保育実習指導Ⅲの目標および内容

＜目標＞ 1. 保育実習の意義と目的を理解し、保育について総合的に理解する。 2. 実習や既習の教科目の内容やその関連性を踏まえ、保育の実践力を習得する。 3. 保育の観察、記録及び自己評価等を踏まえた保育の改善について、実践や事例を通して理解する。 4. 保育士の専門性と職業倫理について理解する。 5. 実習の事後指導を通して、実習の総括と自己評価を行い、保育に対する課題や認識を明確にする。
＜内容＞ 1. 保育実習による総合的な学び 　（1）子どもの最善の利益を考慮した保育の具体的理解 　（2）子どもの保育と保護者支援 2. 保育の実践力の育成 　（1）子ども（利用者）の状態に応じた適切な関わり 　（2）保育の知識・技術を活かした保育実践 3. 計画と観察、記録、自己評価 　（1）保育の全体計画に基づく具体的な計画と実践 　（2）保育の観察、記録、自己評価に基づく保育の改善 4. 保育士の専門性と職業倫理 5. 事後指導における実習の総括と評価 　（1）実習の総括と自己評価 　（2）課題の明確化

（表Ⅱ-S2-10（p.80）参照）。なお、施設概要については「児童福祉法」の規定および「児童福祉施設の設備及び運営に関する基準」等を参照し、それぞれの施設が法的にどのように規定されているか等、事前に学んでおく必要がある。障害者支援施設等の成人を対象とした施設については、根拠法が児童福祉法ではなく「障害者の日常生活及び社会生活を総合的に支援するための法律（障害者総合支援法）」等になる。サービスの体系等、障害児向けサービスとは異なるので注意が必要である。障害者施設の職員については、「障害者の日常生活及び社会生活を総合的に支援するための法律に基づく障害者支援施設の設備及び運営に関する基準」第11条に規定されている。また児童厚生施設は、保育実習Ⅰ（施設）の実習対象施設にはなっておらず、保育実習Ⅲのみの実習対象施設である。

　学生自身が配属されている施設については、その施設の利用者の福祉ニーズについて学ぶとともに、施設において提供されている福祉サービス、利用形態と利用手続きの方法の理解、そして保育技術との関連について十分に学ぶ必要がある。後述するように保育実習Ⅰ（施設）および保育実習Ⅲを行う施設を利用している子どもや利用者は多様である。年齢は0歳から大人までと大きな幅がある。また彼らがもつ福祉ニーズは、親により適切

な養育環境が提供されていないことによるものであったり、障害により生活のしづらさを
もつことであったりと様々である。こうした子どもや利用者を理解し、適切な支援を行う
ためには、子どもや利用者それぞれの状況に応じた発達の理解や障害特性および施策等に
ついての知識が必要となる。実習という短い期間であっても、子どもや利用者の支援を学
ぶ実習生は配属先のこうした状況について十分に学修しておく必要がある。

　実習にともなう作業スケジュールについては、保育所等における実習と同様である（「1
実習指導（保育所等）」（p.58）参照）。

2　実習の内容と課題の明確化

1 実習の内容

　保育実習（保育所）と異なり保育実習Ⅰ（施設）では実習先の施設種別の違いが実習の
内容に大きな影響を与える。保育実習Ⅰ（保育所）の実習のように段階（表Ⅱ-S2-3（p.61）
参照）を経て学びを深める施設もあれば、そうでない施設もある。保育所等はおおむね同
じ位の発育・発達状況にある子どもたちが対象となっているが、施設では家族背景や心身
の状況、利用者の年齢など様々である。また保育所のような通所型の施設だけでなく24
時間その施設で暮らす入所型の施設もある。観察実習を経て参加実習に至る経過は同様だ
が、その後の実習において指導計画の立案を行わない場合も多くある。

2 実習の課題

　実習先の利用対象となる人たちや施設の目的は多岐にわたるため、配属先の状況につい
て理解を深めたうえで指導担当職員の指導の下に実習を進めていくことが求められる。例
えば児童養護施設の場合、幼児から高校生までの子どもが入所しており、それぞれ生活の
中で支援すべき内容は異なる。そのため配属先にどのような年齢の子どもたちがいるかに
よって実習生が課題とすべきものは変わってくる。幅広く事前学習を行っておくとともに、
配属先の状況をふまえた課題の立案が必要となる。

　実習の「評価票」については保育実習Ⅰ（保育所）と同様である。

3 施設種別ごとの違い

■社会的養護を担う施設

（ア）施設理解

　社会的養護を担う施設のうち、保育実習Ⅰ（施設）の対象となる施設には、乳児院、児
童養護施設、母子生活支援施設、児童自立支援施設、児童心理治療施設（旧・情緒障害児
短期治療施設）、児童相談所の一時保護施設があげられる。社会的養護とは、保護者のな
い児童や、保護者に監護させることが適当でない児童を、公的責任で社会的に養育し、保
護するとともに、養育に大きな困難を抱える家庭への支援を行うこと（厚生労働省ホーム

表 II-S2-10 実習先施設一覧

施設名	利用者	提供されているサービス	配置されている職員の資格、職名等
乳児院	保護が必要な乳幼児	養育、子育て支援等	医師または嘱託医、看護師、個別対応職員、家庭支援専門相談員、栄養士および調理員、心理療法担当職員、保育士
母子生活支援施設	保護および支援が必要な母子	生活支援、自立支援等	母子支援員、嘱託医、少年を指導する職員、調理員、心理療法担当職員
児童養護施設	保護が必要な児童	養護、自立支援等	児童指導員、嘱託医、保育士、個別対応職員、家庭支援専門相談員、栄養士及び調理員、心理療法担当職員、職業指導員
障害児入所施設	障害児	保護、日常生活の指導および独立自活に必要な知識技能の付与、治療	
（福祉型）		（主として知的障害のある児童を入所させる施設）	嘱託医、児童指導員、保育士、栄養士、調理員および児童発達支援管理責任者
		（主として自閉症児を入所させる施設）	主として知的障害のある児童を入所させる施設の職員、医師および看護師
		（主として肢体不自由のある児童を入所させる施設）	主として知的障害のある児童を入所させる施設の職員、看護師
（医療型）		（主として自閉症児を入所させる施設）	病院として必要な職員、児童指導員、保育士、児童発達支援管理責任者
		（主として肢体不自由のある児童を入所させる施設）	主として自閉症児を入所させる施設の職員、理学療法士、作業療法士
		（主として重症心身障害児を入所させる施設）	主として肢体不自由のある児童を入所させる施設の職員、心理指導を担当する職員
児童発達支援センター	障害児	日常生活における基本的動作の指導、独立自活に必要な知識技能の付与または集団生活への適応のための訓練、治療	
（福祉型）			嘱託医、児童指導員、保育士、栄養士、調理員および児童発達支援管理責任者、機能訓練担当職員

施設名	利用者	提供されているサービス	配置されている職員の資格、職名等
（医療型）			診療所として必要な職員、児童指導員、保育士、看護師、理学療法士または作業療法士および児童発達支援管理責任者
児童心理治療施設	家庭環境、学校における交友関係その他の環境上の理由により社会生活への適応が困難となった児童	心理治療、自立支援等	医師、心理療法担当職員、児童指導員、保育士、看護師、個別対応職員、家庭支援専門相談員、栄養士、調理員
児童自立支援施設	不良行為をなし、またはなすおそれのある児童	生活指導、自立支援等	児童自立支援専門員、児童生活支援員、嘱託医および精神科の診療に相当の経験を有する医師または嘱託医、個別対応職員、家庭支援専門相談員、栄養士、調理員
児童厚生施設	児童	健全育成、子育て支援等	児童の遊びを指導する者
障害者支援施設	障害者	生活介護を行う場合	医師、看護職員、理学療法士または作業療法士および生活支援員、サービス管理責任者
		自立訓練（機能訓練）を行う場合	看護職員、理学療法士または作業療法士および生活支援員、サービス管理責任者
		自立訓練（生活訓練）を行う場合	生活支援員、サービス管理責任者
		就労移行支援を行う場合	職業指導員および生活支援員、就労支援員、サービス管理責任者
		就労継続支援Ｂ型を行う場合	職業指導員および生活支援員、サービス管理責任者
		施設入所支援を行う場合	生活支援員、サービス管理責任者

ページ「社会的養護」）10 である。それぞれ役割や対象となる子ども等は異なるものの、家庭内の暴力の問題や経済的な問題、養育能力の問題など、何らかの理由で子育て世帯単独では子育てができない家庭に対して支援を行う取り組みをいう。

　社会的養護では、「子どもの最善の利益のために」と「社会全体で子どもを育む」を理念として行われており、それぞれの施設の取り組みを理解するためには、下記の厚生労働省が定めた「指針」および「運営ハンドブック」を参照する必要がある。また、国連の「代替的養護に関する指針」の考え方を理解するとともに「社会的養護」の授業内容をふり返っておく必要がある。

○児童養護施設運営指針／児童養護施設運営ハンドブック
○乳児院運営指針／乳児院運営ハンドブック
○情緒障害児短期治療施設運営指針／情緒障害児短期治療施設運営ハンドブック
○児童自立支援施設運営指針／児童自立支援施設運営ハンドブック
○母子生活支援施設運営指針／母子生活支援施設運営ハンドブック

（イ）利用者理解

　社会的養護を担う施設を利用する子どもたちの多くは、それまで暮らしてきた家庭環境などの影響により、年齢相応の発達・発育状況や社会性などの能力が身についていなかったり、情緒的に不安定だったりする。そのため、施設での暮らしの中で社会的に見て不適切な言動を繰り返す場合がある。これらの言動には施設で暮らすまでの体験が背景となっており、その背景を理解したうえでの対応が求められる。さらに子どもたちに不適切な生活体験を提供せざるを得なかった家族にも背景があることを理解し、学ぶ必要がある。

（ウ）職員理解

　社会的養護を担う施設では、子どもの生活支援を担う職員の基本的な資格として保育士が位置づけられている。保育士は子どもたちの暮らしが安心、安定したものになるように日々子どもたちと暮らしをともにすることでその役割を果たす。ただし社会的養護を担う施設で働く職員は多様で、子どもたちの心の傷つきを治療するための職員（医師や看護師、心理療法担当職員など）や、子どもと家族の関係の再構築を目指す職員（家庭支援専門相談員）などが配置されている。こうした専門性を異にする職員との連携により、子どもた

---

10 http://www.mhlw.go.jp/stf/seisakunitsuite/bunya/kodomo/kodomo_kosodate/syakaiteki_yougo/

ちへの支援が行われていることを理解する必要がある。施設の職員配置基準やその役割等については、「児童福祉施設の設備及び運営に関する基準」に詳しいので確認することが必要である。

（エ）専門知識、技術

　社会的養護を担う施設において保育士は、原則、乳児から高校生までという幅広い年齢の子どもたちの暮らしを支援する役割を担う。そのため、それらの年齢の発達・発育に関する専門知識が必要となる。年齢相応の発達・発育状況や社会性などの能力が身についていない子どもには、適切な養育方法に基づき、しつけをするためのペアレンティングの技術が必要となる。傷ついた体験をもつ子どもには治療的なかかわりのための専門技術が求められる。実習指導以外の科目については、社会的養護ⅠおよびⅡの学びが求められる。また乳児院など乳幼児に対しては乳児保育ⅠおよびⅡなどの学びも求められる。

■障害のある子どもを対象とした施設

（ア）施設理解

　障害のある子どもを対象とした施設のうち、保育実習Ⅰ（施設）の対象となる施設には、児童発達支援センター、障害児入所施設があげられる。児童発達支援センターは家庭で暮らす子どもに療育等のサービスを提供する施設である。障害のある子どもたちは早期に適切な療育を提供されることで、その子がもつ能力を高めることができると考えられていることから、療育を提供する施設に期待される役割は大きい。また障害児入所施設については、子どもに障害があること自体が施設入所の要件ではなく、障害がある子どもと暮らすことができない家庭の子どもが利用する施設と考える必要がある。近年、家族機能が脆弱化する中で、障害のある子どもと暮らすことができない家庭や、医療の発達により日常的に医療的なケアが必要な子どもたちの増加が見られる状況からこうした施設の役割は大きいと考えられる。

　障害者の権利に関する条約の考え方に基づく、障害のある子どもたちの権利擁護について学ぶ必要がある。

（イ）利用者理解

　児童福祉法において障害児は、身体障害、知的障害、精神障害（発達障害を含む）と難病の子どもたちと規定されている。障害の状況は様々であり、障害特性だけで障害のある子どもたちの状況がつかめるものではない。したがって障害のある子どもを対象とした施設を利用している子どもを理解するためには、それぞれの障害特性を学び、そのうえで子

ども個々の多様性について理解することが求められる。

（ウ）職員理解

　障害のある子どもを対象とした施設においても、子どもの生活支援を担う職員の基本的な資格として保育士が位置づけられている。そのため社会的養護を担う施設の保育士と同様に、保育士は子どもたちの暮らしが安心、安定したものになるように日々子どもたちと暮らしをともにすることでその役割を果たす。ただし障害のある子どもは医療サービスおよび医療的なケアが必要なため、医師や看護師、作業療法士、理学療法士、言語聴覚士などの職員が配置されている。こうした専門性を異にする職員との連携により、障害のある子どもたちへの支援が行われていることを理解する必要がある。施設の職員配置基準やその役割等については、「児童福祉施設の設備及び運営に関する基準」に詳しいので確認することが必要である。

（エ）専門知識、技術

　児童発達支援センターの場合、障害のある居宅の子どもたちが対象となる。こうした子どもに対する支援を行うにあたっては、子どもの個性および障害特性について知り、支援の方法を学ぶ必要がある。障害児入所施設の場合、社会的養護を担う施設同様に利用する子どもの年齢に幅があり、障害も多様で軽度から最重度まで多様である。年齢相応の発達・発育状況や障害ごとの特性などについて学ぶことが必要となる。障害児入所施設については、保育士養成課程において十分に学ぶ機会がないが、「社会福祉」および「子ども家庭福祉」で学んだ障害児への福祉サービスについて確認しておく必要がある。また、「障害児保育」の授業内容をふり返っておく必要がある。

■障害のある成人を対象とした施設

（ア）施設理解

　障害のある成人を対象とした施設のうち、保育実習Ⅰ（施設）の対象となる施設には、障害者支援施設、障害福祉サービス事業所等があげられる。障害のある成人に対する福祉サービスは、「生活介護」や「障害者支援施設での夜間ケア等（施設入所支援）」、「就労移行支援」など、施設および事業所において提供されるサービスが異なるという特徴をもつ。障害のある成人が地域の中で生活していくことの重要性が認識されていることから、単に生活の支援だけでなく、自立支援という視点も必要とされる。

　障害のある成人を対象とした施設では、障害のある子どもの施設同様に、障害者の権利に関する条約の考え方に基づく、障害のある成人の権利擁護について学ぶ必要がある。特

に「合理的配慮」について理解を深めておく必要がある。また障害者基本法に記されている「社会的障壁」についても学びを深めておく必要がある。

　保育士養成課程において障害者への福祉サービスについて十分に学ぶ機会がないが、「社会福祉」で学ぶ障害者への福祉サービスについて確認しておくとともに、障害者への支援について書かれた文献（社会福祉士養成課程の「障害者に対する支援と障害者自立支援制度」のテキストなど）を用いて学ぶ必要がある。

（イ）利用者理解

　障害者基本法において障害者は、「身体障害、知的障害、精神障害（発達障害を含む。）その他の心身の機能の障害（以下「障害」と総称する。）がある者であつて、障害及び社会的障壁により継続的に日常生活又は社会生活に相当な制限を受ける状態にあるものをいう」（第 2 条第 1 号）とされている。障害のある子ども同様に障害は多様で、10 代から 60 代くらいまでという、年齢の幅が広い利用者がいることから、障害特性および成人期以降の発達について学ぶ必要がある。

（ウ）職員理解

　障害のある成人を対象とした施設において、保育士は法規定上、職員として位置づけられていない。しかしながら障害のある成人の生活支援の内容は、保育士が行う保育と共通する。この施設では生活支援員が利用者に対する生活支援の役割を担っているが、保育士は生活支援員からその業務内容について学ぶことで、保育技術について改めて見つめ直すことが可能となる。また障害のある子どもの施設と同様に障害のある利用者の中には、医療サービスおよび医療的なケアが必要な人もいるため、医師や看護師、作業療法士、理学療法士、言語聴覚士などの職員が配置されている施設もある。こうした専門性を異にする職員との連携により、障害のある利用者への支援が行われていることを理解する必要がある。施設の職員配置基準やその役割等については、障害者総合支援法に詳しいので確認することが必要である。

（エ）専門知識、技術

　施設で行われているサービスの内容ごとに求められる専門性は異なるが、その人の個性および障害特性を理解する必要がある。また世界保健機関（WHO）が定めた国際生活機能分類（ICF）の概念について学ぶことで、身体機能と活動および参加にわけて障害をとらえることが可能となる。

■地域の子育て支援の拠点となる施設（保育実習Ⅲのみ対象の実習施設）

（ア）施設理解

　地域の子育て支援の拠点となる施設は他にも多くあるが、健全育成を目的に設立されている児童厚生施設もそのひとつである。この施設は近年、地域による子育てが重要視されていることから、単なる遊び場としての位置づけではなく、幅広い年齢の子どもや子育て家庭に対する子育て支援機能をもった地域の拠点としての認識をもって実習に臨む必要がある。

（イ）利用者理解

　児童厚生施設の利用者は、子どもおよび子育て家庭である。一般的に午前中には乳幼児期の子どもとその保護者の利用が多く、こうした利用者に対して子育て講座など、子育てがしやすくなるようなプログラムを提供している。またこうしたプログラムを通して子育てで孤立しがちな保護者同士をつなげる役割をもっている。午後は小学生などの利用が多く、そこで提供されるのは遊びである。子どもたちの発達に応じたプログラムを提供できるような配慮が各施設でなされている。放課後児童健全育成事業などの取り組みを行う施設も多い。

（ウ）職員理解

　児童厚生施設で主に子どもたちの支援に当たるのは、「子どもの遊びを指導する者」と規定されている職員である。保育士資格をもっている職員も多く、その業務の内容は利用者理解でもあげたとおり、子どもの遊びの指導である。ただし単に遊びをリードしていくだけではなく、子育て支援の役割も担っている。

（エ）専門知識、技術

　利用者が乳幼児から小学生、中高生、保護者と幅広いため、子育て支援において必要な専門性について考える機会となる。さらに施設における活動プログラムや支援計画立案の方法について学ぶ。

3　実習に際しての留意事項

1 利用者の人権の尊重

　乳児院や児童養護施設など社会的養護を担う施設で生活する子どもたちは、何らかの理由で親と離れて暮らしている。児童の権利に関する条約第20条第1項には「一時的若しくは恒久的にその家庭環境を奪われた児童又は児童自身の最善の利益にかんがみその家庭

環境にとどまることが認められない児童は、国が与える特別の保護及び援助を受ける権利を有する」と示されている。施設での暮らしは子どもたちにとって権利の保障であることを十分に認識して、実習生は子どもたちに適切な養育環境が提供できるよう心がける必要がある。

また、障害児および障害者に対しても適切な認識をもつ必要がある。障害者の権利に関する条約第3条には、障害者の権利に関する一般原則として下記の事柄が記されている。

【障害者の権利に関する条約】

第3条　一般原則

この条約の原則は、次のとおりとする。

(a)　固有の尊厳、個人の自律（自ら選択する自由を含む。）及び個人の自立を尊重すること。

(b)　差別されないこと。

(c)　社会に完全かつ効果的に参加し、及び社会に受け入れられること。

(d)　人間の多様性及び人間性の一部として、障害者の差異を尊重し、及び障害者を受け入れること。

(e)　機会の均等

(f)　施設及びサービスの利用を可能にすること。

(g)　男女の平等

(h)　障害のある児童の発達しつつある能力を尊重し、及び障害のある児童がその同一性を保持する権利を尊重すること。

(b) に記されているとおり、差別されないことは当然であるが、障害があろうとも「(c) 社会に完全かつ効果的に参加し、及び社会に受け入れられること」は当然のこととしてとらえるべきである。しかしながら現在の社会環境は障害のある人にとって暮らしにくい状況が多く見られる。点字ブロックや音声案内、エレベーターの設置などが不十分である場所もある。こうした状況に対して「合理的配慮」の視点から社会をとらえることが障害者の権利に関する適切な認識といえる。

2 プライバシーの保護と守秘義務

保育実習Ⅰ（保育所）同様に実習で知り得た情報については、守秘義務が伴う。特に施設における実習では生活上の多くの課題をもつ利用者が存在することを認識する必要がある。利用者の中には暴力の加害者から逃れてきた人もいる。障害児・者施設の利用者や家族の中には、施設を利用していることを他者に知られたくない人たちもいる。施設利用者の情報は一切外部に漏らさないようにする必要がある。

❸ 実習生としての心構え

　施設における実習では、家族関係や障害など様々な状況により生活のしづらさをもつ利用児・者とかかわりをもつこととなる。こうした人たちとの出会いは実習生にとって初めての体験かもしれない。この体験により先入観や偏見など、実習生自身がもつ価値観に気づく可能性がある。保育士として適切な専門性のひとつとしての価値を身につけるために、事前指導においては正確な情報の提供に努める必要がある。児童の権利に関する条約や障害者の権利に関する条約などへの理解を施設における実習場面を想定して学ぶことが必要である。利用者の多くが日常生活において他者の支援を必要とする人たちであるが、彼らの尊厳を尊重する姿勢は実習における姿勢として前提となる。また、生活型の施設で実習をする場合においては、施設が利用者にとっての家であることをふまえ、他者の家にお邪魔させてもらうという認識をもつことが求められる。なお、保育実習Ⅰ（保育所）における「実習生としての心構え」は保育実習Ⅰ（施設）においても同様に求められる。

❹ 宿泊を伴う実習

　施設での実習では、宿泊を伴うことがある。利用者が施設で暮らしている場合、利用者の生活および職員の業務を学ぶために夜間や早朝の業務を担当することも必要であるからだ。また、施設によっては通勤が困難な郊外に位置していることもある。こうした実習先での宿泊においては、宿泊や食事などに関して通勤の実習とは異なる準備が必要となる。学生自身の身の回りのことは学生自身が自らの責任で管理するのが基本となる。さらに実習時間外の動きも施設の利用者や職員が見ていることを意識し、学生は学生らしい言動をするよう心がける必要がある。ただし、家庭を離れて一人で実習に取り組むことに対して学生は大きなストレスをもつことになるため、養成校と実習施設の実習指導者は緊密な連携を取ることが必要になる。

◆4　実習の計画と記録

❶ 実習における計画と実践

　実習中に実習生が取り組むべき課題は大きく３つに分けられる。①施設の理解、②利用者の理解、③実習生自身の専門性の向上である。実習では実習先施設が作成したプログラムに従って取り組むことになるが、実習生も自身の関心を整理し、実習課題を作成し、配属先の施設に応じて上記３つの課題を設定し取り組むことで、実習での学びが深められる。なお、配属先の施設によって取り組める課題は異なるので、オリエンテーションで実習担当職員に確認することが必要となる。

❷ 実習における記録および評価

　実習における記録に関しては保育所での実習と同様であるが、施設実習では記述のポイ

ントが保育所とは少し異なる。保育所の場合、発達状況に応じた個々の子どもたちへの対応とクラス運営に目を向けて記述することが求められる。施設の場合は個々の利用者の行動上の特徴やその背景、その利用者に対する支援の方法に視点が向けられる。たとえば児童養護施設であれば、攻撃的な言動をする子どもの背景に虐待被害の体験を見いだすことがある。そしてその言動に対して適切な対応はどのようなものか、検討する必要がある。そのため日々の記録では、1日の流れよりも利用者の言動およびそれに対して実習生自身が何を考え、どのように行動したのかを詳細に記述することが求められる。記述することで実習生は省察の機会を得る。また施設の実習指導者はその記述に対して助言を行い、実習生の専門性向上を図る。

3 支援計画と家族支援の視点

　各施設では、利用者への支援をいかに行うかについて計画的に進めている。例えば児童養護施設では、自立支援計画の策定の際、児童本人とともに家族の意向を確認する。社会的養護の役割は子どもに家庭を提供することであるから、家庭に戻れるように取り組む必要がある。そのために家族への支援は欠かせない。目の前の子どもだけを支援するという視点ではなく、子どもの将来を見据えて家族支援の視点をもって支援を学ぶことが必要である。

5 事後指導における実習の総括と課題の明確化

1 実習の総括と自己評価

　事後指導においては、実習体験をふり返り学びを深めることが目的になる。その方法は保育所での実習のときと同様であるが、施設実習の特徴として、学生ごとに体験してきた内容が大きく異なることがあげられる。同じ児童養護施設で実習したとしても、配属されたホームやフロア、ユニットの状況によって学生の体験は異なる。落ち着いた生活を送っている子どもたちと過ごした学生もいれば、攻撃的な子どもとのかかわりを体験した学生もいるだろう。また障害者施設で実習を行った学生と乳児院で実習を行った学生では体験したことが全く異なる。こうしたそれぞれの体験から共通性と多様性を見いだしていくことで、施設や利用者の理解を深めることができる。

2 課題の明確化

　保育実習Ⅰ（施設）で体験し、学びを深めたこと、深められなかったこと、取り組むことができなかったことはそれぞれ、次の実習での課題となる可能性がある。できたことはさらに専門性を高めるための取り組みが必要であるし、取り組んだにもかかわらずできなかったことは、なぜできなかったのかを検討し、次の実習で行うためにはどのような準備が必要かを検討する必要がある。さらに取り組めなかったことも、次の実習でいかに取り

組むかを検討する必要がある。完璧に実習で取り組むべき課題をクリアできる学生はいない。実習での体験はその実習で終わるのではなく、次の実習に向けて自身の状況を知り、新たに課題を設定するための大きな材料になる。できなかったことを後悔するのではなく、客観的に自身の状況を見極め、必要な取り組みを明確化することが大切である。

2 保育実習指導Ⅲにおける事前・事後の指導

1 保育実習Ⅲの意義

■1 実習の目的

保育実習Ⅲでは、その目的が「(1) 既習の教科目や保育実習の経験をふまえ、児童福祉施設等（保育所以外）の役割や機能について実践を通して、理解する。(2) 家庭と地域の生活実態にふれて、子ども家庭福祉、社会的養護、障害児支援に対する理解をもとに、保護者支援、家庭支援のための知識、技術、判断力を習得する。(3) 保育士の業務内容や職業倫理について具体的な実践に結びつけて理解する。(4) 実習における自己の課題を理解する」となっており、保育実習Ⅰでの実習体験および学びをふまえ、保育士としてのより高い専門性を得ることとなっている。特に「保護者支援、家庭支援」は、保育士の専門性にとって重要である。また「保育実習Ⅰ（施設）」同様、保育所以外の児童福祉施設等での実習をする。そのため、「1　保育実習指導Ⅰ（施設）および保育実習指導Ⅲにおける事前・事後の指導」(p.76) で見てきたとおり施設種別ごとの実習内容が異なる。

■2 実習の概要

養成校の状況にもよるが、保育実習Ⅰ（施設）での実習先施設種別と保育実習Ⅲにおける実習先施設種別が同じとは限らないため、種別が異なる場合、実習生は施設種別ごとに事前学習しておくべき内容を改めて学ぶ必要がある。また種別が同じであっても、施設ごとに設備や職員体制、取り組みは異なる。その点についても学ぶ必要がある。このように保育実習Ⅰ（施設）での体験を基礎により高い専門性を身につける実習ではあるが、保育実習Ⅰ（施設）と同様に実習先施設の状況について十分に学んでおく必要がある。

ただし一から実習に取り組むわけではない。施設種別が異なっていても、子どもの発達や保育（ケア）、コミュニケーション、保育士としての自身の課題など、保育士の専門性については、2回の保育実習Ⅰで実習生が体験的に学んでいるはずである。これらの体験をもとに、さらに専門性を高める取り組みをする必要がある。

② 事前指導における学び

■ 施設機能の理解

　保育実習Ⅰ（施設）と同様に保育実習Ⅲにおいても実習先施設の理解を深める必要がある。ただしすでに2回の実習を経験している実習生は、子ども（または利用者）の関係性や直接的な保育（支援）の方法などについて学んでいる。いわばミクロの視点における学びの体験がある。保育実習Ⅲではメゾ、マクロ11の視点で施設や利用者をとらえる必要がある。具体的には、施設が地域の中で果たしている役割や、利用者の家族への支援、社会全体における役割などについて学ぶことが求められる。

　たとえば、児童養護施設で生活している子どもたちの平均在所期間は4.9年である（厚生労働省「児童養護施設入所児童等調査結果（平成25年2月1日現在）」2015年）。入所している子どもたち全員が高校卒業まで施設で生活するわけではない。児童養護施設など社会的養護を担う施設の役割は不適切な環境にある子どもを保護すると同時に、適切な環境の家庭に戻すことである。日々の子どもへの生活支援だけでなく、家族との関係調整や支援が必要であり、そのために児童相談所などの他機関との連携が必要となる。また親子分離をせざるを得ない家族が存在する社会状況に対する理解も必要である。これらメゾ、マクロの視点は直接的なケアに少なからず影響を与えている。施設がなぜ存在するのか、保育士がなぜ子ども（または利用者）の保育（支援）をしなければならないのか、どのようにすべきなのかを理解するうえでメゾ、マクロの視点の理解は不可欠といえる。

■ 利用者および家族の理解と支援

　実習先となっている施設を利用する子ども（利用者）には生活するうえで大きな課題が存在する。社会的養護系の施設であれば虐待の被害に遭ったことが多くの子どもたちにとって大きな課題となる。日々の生活支援について学ぶと同時に保育実習Ⅲでは、こうした課題の理解と支援の方法についてより高度な専門性を学ぶ必要がある。そのためには虐待が心身に与える影響や支援の方法について具体的に学ぶ必要がある。また虐待が生じる家庭内のメカニズムについて理解するとともに、そういった行動をせざるを得なかった親に対する理解も必要である。さらにはそうした親に対してどのように支援するのかという方法についても理解する。障害児入所施設であれば、障害児の日々のケアだけでなく、障害をもつことが生活や人生に与える影響について理解をするとともに、障害児の家族が障

---

11 ミクロ、メゾ、マクロについては明確な規定があるわけではないが、ここではミクロは利用者個人を対象に、メゾ、マクロにおいてはミクロよりも大きな人の集まり（集団、地域、社会、国）を対象としている。

害をどのように理解し受容しているか、親子分離によってどのような気持ちを抱いているのかについて考えることは大切である。さらにはそうした親に対する支援について学ぶことも必要である。実習において親など家族への直接的なかかわりをもつことは難しいが、職員の対応の様子を観察したり、職員から話を聞くなどして学ぶことは可能である。

このように目の前の子ども（利用者）の背後にある生活歴や家族についても目を向け、学ぶことが保育実習Ⅲにおいては求められる。

3 事後指導における実習の総括と課題の明確化

1 実習の総括と自己評価

保育実習Ⅲは保育士養成課程における最後の実習となる。これまでの学びの総括は、最後の実習のみを対象としたものではなく、これまでの保育士養成課程の学びすべてに対するものである必要がある。実習で体験する児童福祉施設等における直接的な身体の接触を伴うケア（保育所における保育や社会的養護系施設、障害児者施設における生活支援等）は、発育・発達や相談援助、法制度などの専門的知識およびそれを行うための専門的技術、専門職として適切な価値観があることで適切に行うことができる。実習体験はそれまでの養成校における学びの集大成である。だからこそ、そこで専門性に基づいた対応が利用者に提供できたかを検討することは、養成校での学びの総括となる。

実習生自身が作成した日々の記録や自己評価、養成校・実習施設の実習指導者の助言は総括するうえで重要な材料となる。また、他の実習生の体験を聞くことで自己の取り組みを省察することも可能である。

2 課題の明確化

総括の結果、実習生は自身に足りないことが多くあることを見いだすであろう。足りないのはあたりまえである。資格取得によって専門性が完成されるわけではない。熟達化という言葉があるように、専門性は長年の経験と学ぶ姿勢により醸成されていくものである。実習後に実習生自身が専門職としての自身の特徴と稼働するために獲得しなければならない専門性を明確にすることが専門性を高めていくことにつながる。保育実習Ⅲで課題となった事柄を明確化し、就業後も常に自身の課題を意識しながら保育に取り組む姿勢が必要である。

3 「保育実習Ⅰ（保育所）」と 「保育実習Ⅱ」

1 「保育実習実施基準」に示される保育実習の目的と履修の方法等

1 保育実習の目的

「指定保育士養成施設の指定及び運営の基準について」（平成15年12月9日雇児発第1209001号厚生労働省雇用均等・児童家庭局長通知）（以下、局長通知）の（別紙2）「保育実習実施基準」には、保育実習の目的として、「保育実習は、その習得した教科全体の知識、技能を基礎とし、これらを総合的に実践する応用能力を養うため、児童に対する理解を通じて保育の理論と実践の関係について習熟させることを目的とする」と記されている。

しかしながら、保育実習Ⅰに続く保育実習ⅡまたはⅢが選択必修科目として設定されている現行のカリキュラムにおいては、実習とその他の教科の関係は、習得した知識・技能を基礎として総合的に実践するという直線的な因果関係で結ばれるものでもなく、また、養成の総仕上げとして実習が位置づけられるものでもなく、実習／実習指導と教科目との往還により専門性を獲得していくというものとなる。実習はその時点での自己成長と自己課題を学生が具体性をもって確認する機会であるからである。したがって、実習は修養年限のどの時点でどのような学習段階で行うものであるかによって、その目標および内容は異なってくる。ここでは、厚生労働省が提示するこの目的をふまえつつ、保育実習Ⅰ（保育所）と保育実習Ⅱという2つの実習の連続性・発展性を意識した実習内容および実習方法について提案する。

2 履修の方法および実習の計画、実習施設の選定等

2015（平成27）年に行われた局長通知の改正により、従来の保育所における実習部分の実習施設の種別として、幼保連携型認定こども園と「小規模保育A・B型及び事業所内保育事業」[12] が加わった。保育所以外のこれらの種別での実習も含めて、ここでは提案

---

12 施設の目的および事業内容等はpp.22～23に記載。

表 II-S2-11 保育実習 I （保育所）の目標および内容

＜目標＞
1. 保育所、児童福祉施設等の役割や機能を具体的に理解する。 2. 観察や子どもとの関わりを通して子どもへの理解を深める。 3. 既習の教科目の内容を踏まえ、子どもの保育及び保護者への支援について総合的に理解する。 4. 保育の計画・観察・記録及び自己評価等について具体的に理解する。 5. 保育士の業務内容や職業倫理について具体的に理解する。
＜保育所実習の内容＞
1. 保育所の役割と機能 　（1）保育所における子どもの生活と保育士の援助や関わり 　（2）保育所保育指針に基づく保育の展開 2. 子どもの理解 　（1）子どもの観察とその記録による理解 　（2）子どもの発達過程の理解 　（3）子どもへの援助や関わり 3. 保育内容・保育環境 　（1）保育の計画に基づく保育内容 　（2）子どもの発達過程に応じた保育内容 　（3）子どもの生活や遊びと保育環境 　（4）子どもの健康と安全 4. 保育の計画・観察・記録 　（1）全体的な計画と指導計画及び評価の理解 　（2）記録に基づく省察・自己評価 5. 専門職としての保育士の役割と職業倫理 　（1）保育士の業務内容 　（2）職員間の役割分担や連携・協働 　（3）保育士の役割と職業倫理

していくこととする。

　また、保育実習実施基準のなかで実習施設選定の留意点として、「保育所の選定に当たっては、乳児保育、障害児保育及び一時保育等の多様な保育サービスを実施しているところで総合的な実習を行うことが望ましい」と示されていることをふまえて、実習で学ぶ多様な保育サービスとは何かについても提案することとする（以下、保育所、幼保連携型認定こども園、小規模保育A・B型および事業所内保育事業を総称して「保育所等」と表記する）。

　なお、施設における実習日数は、「保育実習 I 」（必修4単位）ではおおむね20日、「保育実習 II 」（選択必修2単位）ではおおむね10日とされている。この実習日数に基づいて実習期間を決定し、保育所等（公立の場合には市町村の担当部署）に実習依頼を行う。

　保育実習を効果的なものにするためには、保育実習全体の方針、実習の段階や内容、実

表 II-S2-12 保育実習IIの目標および内容

<目標>
1. 保育所の役割や機能について、具体的な実践を通して理解を深める。
2. 子どもの観察や関わりの視点を明確にすることを通して、保育の理解を深める。
3. 既習の教科目や保育実習Iの経験を踏まえ、子どもの保育及び保護者支援について総合的に理解する。
4. 保育の計画・実践・観察・記録及び自己評価等について、実際に取り組み、理解を深める。
5. 保育士の業務内容や職業倫理について、具体的な実践に結びつけて理解する。
6. 実習における自己の課題を明確化する。

<内容>
1. 保育所の役割や機能の具体的展開
　(1) 養護と教育が一体となって行われる保育
　(2) 保育所の社会的役割と責任
2. 観察に基づく保育の理解
　(1) 子どもの心身の状態や活動の観察
　(2) 保育士等の援助や関わり
　(3) 保育所の生活の流れや展開の把握
3. 子どもの保育及び保護者・家庭への支援と地域社会等との連携
　(1) 環境を通して行う保育、生活や遊びを通して総合的に行う保育
　(2) 入所している子どもの保護者に対する子育て支援及び地域の保護者等に対する子育て支援
　(3) 関係機関や地域社会との連携・協働
4. 指導計画の作成・実践・観察・記録・評価
　(1) 全体的な計画に基づく指導計画の作成・実践・省察・評価と保育の過程の理解
　(2) 作成した指導計画に基づく保育実践と評価
5. 保育士の業務と職業倫理
　(1) 多様な保育の展開と保育士の業務
　(2) 多様な保育の展開と保育士の職業倫理
6. 自己の課題の明確化

習の記録や評価の方法等を含むその学年度の保育実習の計画について、保育所等との協議を行ったうえで策定し、共有することが大切である。また、実習にあたっては、養成校と保育所ともに、保育実習実施基準に示された要件を備えた実習指導者が連携を図りながら実習指導を行うことが求められる。

2 「保育実習Ⅰ（保育所）」と「保育実習Ⅱ」の考え方

1 保育所実習で実際に行うこと

　保育所実習は、実習生が保育所での生活に参加して、観察や実践を通して、養成校で学んだ様々な事項を具体的かつ総合的に学ぶ機会である。おおむね10日間という実習期間の中で、保育士とともに生活環境を整えたり、子どもとかかわって理解に努めたり、食事や排泄など養護的な援助をしたり、保育室や園庭など様々な場所で遊んだり、絵本を読む、歌を歌う、作ったり表現したりして遊ぶ、飼育や栽培などを子どもと楽しむ、保育士の保護者へのかかわりを見たり、在所児童の保護者に留まらない地域の子育て家庭への子育て支援にかかわることを通して学ぶなど、保育に必要な知識や技能、態度を徐々に習得していく。保育後のカンファレンスや記録を通して、省察的な態度や保育に向かう姿勢を獲得していく。保育士の指導を受けながら、こうした体験を重ねることによって、自己の成長を感じ取りながら、保育士としての力量を養っていく。

2 保育実習Ⅰ（保育所）と保育実習Ⅱの連続性と発展性

■ それぞれの特徴をふまえた実習指導

　保育実習Ⅰ（保育所）および保育実習Ⅱとして行う実習の前提として、実習内容は全て保育所保育指針等に基づくものであることを押さえておきたい。そのうえで、保育実習Ⅰ（保育所）と保育実習Ⅱの目標と内容を比較しながら、それぞれの実習の特徴と2つの実習の関係を確認する。

　保育所の役割や機能の理解については、保育実習Ⅰ（保育所）（以下Ⅰ）では、保育所における子どもの生活と保育士の援助やかかわりを理解することと保育所保育指針との関係で保育をとらえることが求められており、保育実習Ⅱ（以下Ⅱ）では、養護と教育が一体的に行われるという保育の基本原理や社会的役割を具体的実践から学び取ることが求められている。実習は、保育を具体的に理解する機会であるが、その方法として、Ⅱでは実習生自身が自らの具体的な実践を通して理解することがより強調されている。

　また、理解対象も、Ⅰでは子ども理解に重点が置かれ、子どもへの援助やかかわりを通して発達の理解に努めることが求められている。それに対してⅡでは、理解対象は保育そのものであり、システムとして保育の構造を把握することが掲げられている。個々の場面や援助等を統合させてとらえる視点をもつことが「総合的」な実習であり、保育を総合的にとらえることによって、保育士として果たす役割をより明確にしたうえで、その場に応

じた実践を行うことがⅡにおいては求められているといえる。

全体的な計画と指導計画および評価についても、Ⅰではその理解に重点が置かれ、実習日誌等の記録を通しての自らの実践を省察することが課題となるが、Ⅱでは指導計画を作成し保育を実践することを通して、〔計画−実践−省察−評価〕というPDCAサイクルの重要性を理解するところまでが求められている。

実習内容としては、Ⅰでは子どもへのかかわりに中心が置かれるのに対して、Ⅱではそれに加えて、保育の基本となる考え方、多様な保育の展開、保護者支援、子育て支援、地域連携など、保育所および保育士の役割全般に対する理解が求められている。さらに、最終段階の実習に位置づけられるⅡにおいては、保育士としての自己課題を明確化することもあげられている。このように、ⅠからⅡへと、実習の目的と内容は連続性をもちながら発展していくものとなっている。したがって、実習指導に際しても、実習の目標設定から実践、評価まで、その内容に一貫性をもたせることが、学生自身が自覚的に実習に取り組むための土台として不可欠といえる。

そして、この一貫性、連続性を意識しつつ、どの段階の実習であるのかについて、保育所側の実習指導者と共通理解を図り、連携して指導を行うことが、学生の成長につながる。

② 2011（平成23）年度の保育士養成課程の改正に伴う科目の新設や単位数変更等への対応

2011（平成23）年度の保育士養成課程の改正によって、「保育相談支援」（演習）が新設された。また、「家族援助論」の科目名称が「家庭支援論」に変更された。「保護者に対する保育に関する指導」について具体的に学ぶことの重要性や、保護者支援にあたっては、家庭全体や地域などを視野に入れた支援のあり方や支援体制の構築までの理解が必要となることが改訂の理由である。「障害児保育」は、「障がいのある子どもの増加や障がいの多様化などをふまえ、（中略）特に発達障がい及びその疑いのある子どもや保護者への支援を含め、保育現場での適切な対応を修得するため」[13]、単位数が1単位から2単位に増えた。また、保育所保育指針にて、保育課程の編成が義務づけられたことや、保育課程を中心として、計画−実践−省察−評価−改善というサイクルを進めていくことが保育にとって重要であることをふまえ、「保育課程論」が新設された。

③ 2018（平成30）年度の保育士養成課程の改正に伴う科目の新設や単位数変更等への対応

2019（平成31）年度からは、乳児（3歳未満児）の保育に関する内容を充実し、教育

---

13 保育士養成課程等検討会「保育士養成課程等の改正について（中間まとめ）」（2010年3月24日）

効果を高めるために、「乳児保育Ⅰ」（講義）が新設された。また、幼児教育の実践力向上のために、保育の計画と評価に関する内容や子どもの生活と遊びの援助に関する内容を充実させ、それに対応するように科目名称が変更された（「保育課程論」から「保育の計画と評価」へ、「保育の表現技術」から「保育内容の理解と方法」へ）。子どもの育ちや家庭への支援の充実のために教科目の再編、整理が行われ、「子ども家庭支援論」「子育て支援」「子ども家庭支援の心理学」という名称の科目が生まれた。以上のような養成課程の改正内容についても、保育所における実習の内容に反映していくことが必要となる。なかでも、保育所、児童福祉施設等が地域子育て支援に果たす役割や機能の重要性が増す現状にあっては、保育実習全体を通して、子育て支援に関する学習機会を保障することが求められる。特に、保育実習Ⅱでは、上記の教科目の授業内容に関連した実習内容が多く示されているので、実習先となる保育所と連携しながら、これらの実習内容を含む実習指導計画を立てて指導していくことが重要となる。また、実習施設選定に際しても、このような実習内容および実習指導が可能な実習先の選定を行うことが望ましい。

3 実習先選定のパターンと選択の留意点

　保育実習Ⅰ（保育所）（必修）と保育実習Ⅱ（選択必修）の2科目を履修する場合には、その連続性と発展性を活かした指導が望ましいが、実習施設の選択方法によって、学びの特徴および指導上の留意点は異なってくる（表Ⅱ-S2-13、14）。それらをふまえたうえで、保育実習に求められる指導内容（第Ⅱ部参照）に対応した効果的な実習を行うことのできる実習先を選定していく。保育実習実施基準の「第3　実習施設の選定等」では、「乳児保育、障害児保育及び一時保育等の多様な保育サービスを実施しているところで総合的な実習を行うことが望ましいことから、この点に留意すること」と示されている。保育実習Ⅱの施設には、「保護者支援及び地域の子育て家庭への支援」の実施も求められる。こうした実習内容および実習計画を、実習先の実習指導と連携しながら作成して実習指導をすすめていく。保育所以外の「幼保連携型認定こども園」、「小規模保育A・B型及び事業所内保育事業」を実習先として選択する場合には、実習施設に対する理解を十分に図ったうえで実習指導を行うこととする。

■ 保育実習Ⅰ（保育所）と保育実習Ⅱを同一施設で行う場合
　同一施設で2つの実習を行う場合の利点としては、次のような事項があげられる。
① おおむね20日間の実習として実習計画を連続したものとして立てることができる。
② 実習先の実習指導者も、1回目の指導に基づいて2回目の実習指導を行うことができる。
③ 学生も、1回目の経験をふまえて実習準備を行うことができ、深い子ども理解、保育

表 II-S2-13 実習先の選択パターン例①同一施設

保育実習 I（保育所）		保育実習 II
保育所 A	＋	保育所 A
幼保連携型認定こども園 A	＋	幼保連携型認定こども園 A

理解が可能となる。

④ 0〜5歳児までのすべての年齢での保育および特別な配慮を必要とする子どもの保育、子育て支援など、総合的な実習内容で継続・発展的な実習計画のもと、一貫した実習指導を受けることができる。

同一施設での実習は、④にあげた理由から、保育所、幼保連携型認定こども園で行うことが望ましい。

2 保育実習 I（保育所）と保育実習 II を異なる施設で行う場合

保育実習 I（保育所）と保育実習 II を異なる施設で行う場合の留意点として、実習初期段階ではそれぞれの実習先の保育方針、保育形態、保育方法、子ども理解が必要となることがあげられる。同一施設での実習の保育実習 II が、保育実習 I での実習成果や課題をふまえ、発展的な実習および実習指導を受けることができるのに対して、新たな実習施設に対する理解が必要となる。そのため、実習期間内に保育実習 II に求められている発展的な実習内容を十分に行うことが難しい場合や、保育実習 I と類似した実習内容に終わることがないよう、実習施設と養成校の実習指導者間の連携を図り、実習内容を確認したり実習指導計画を立てて共有することが肝要である。

保育所と幼保連携型認定こども園で実習する場合には、それぞれの特徴や地域における役割などを相対化して学習することができる。そのことを通して、これからの幼保一体化について考える機会を得ることもできるだろう。

幼保連携型認定こども園では、保育を必要としない1号認定の子どもを含めた幼児教育・保育のあり方についての学習ができる。また、親の就労状況にかかわらず地域の就学前の子どもたちを受け入れ、ニーズや保育時間の異なる子ども（家庭）の保育をどのように行っていくのかに関する学習の機会がある。子育て支援についても、全体的な計画の中に位置づけて学ぶことができる。

実習先に保育所、幼保連携型認定こども園だけでなく、小規模保育 A・B 型および事業所内保育事業を選択し、施設規模や保育形態、保護者ニーズの異なる施設で保育実習 II の実習を行う場合には、多様な保育体験が可能となり、現代の保育ニーズや保育所の役割、子育て・子育て支援の課題について、広い視野からの理解が期待できる。ただし、実習に

表 II-S2-14 実習先の選択パターン例②異なる施設

保育実習Ⅰ（保育所）		保育実習Ⅱ
保育所 A	+	保育所 B
保育所 A	+	幼保連携型認定こども園 A
幼保連携型認定子ども園 A	+	保育所 A
幼保連携型認定子ども園 A	+	幼保連携型認定こども園 B
保育所 A	+	小規模保育事業（A・B 型） 事業所内保育事業

際しては、これらの実習施設の特徴が実習内容に応じられるものであるかを事前に確認することが必要である。特に、保育実習Ⅱの実習先として小規模保育 A・B 型および事業所内保育事業を選択する場合には、求められる実習内容での実習および実習指導が可能であるか、そのうえで発展的実習が遂行できるのか、実習担当教員が十分な検討を行うことが求められるだろう。また、小規模保育 A・B 型および事業所内保育事業だけでは、0 歳から 5 歳までのすべての年齢発達に応じた保育の展開、障害児保育、子育て支援を含めた多様な保育・保育指導を体験することが難しいので、保育実習Ⅰにおいて、実習先として保育所および幼保連携型認定こども園を選択し、総合的な実習を体験することが望ましい。

3 実習プログラム

1 保育実習Ⅰ（保育所）

　局長通知（別紙 3）に示された保育実習Ⅰの授業内容に基づいて、保育所における実習内容を整理して示す。

　保育実習Ⅰでの実習生の学び方は、保育現場で子どもや保育士の姿に触れ、観察やかかわりを通して具体的に理解するというものである。また、既習の教科内容をふまえて、保育所のもつ多様な役割や機能（保育と保育指導・支援等）を具体的かつ総合的に理解することも目指す。実習先となる保育所の全体的な計画と指導計画について理解すること、その保育所で行われている事業全体を知ること、実習の記録を作成し指導を受けながら、記録に基づいて省察や自己評価を行うことまでが、保育実習Ⅰの目標とされる。実習生の実際の動きとしては、かかわりながら観察するという動き方が求められ、その観察の対象は子どもおよび子ども集団（生活／遊び／仲間関係）、保育士（保育内容と保育援助／役割

分担と連携）と環境である。

保育所実習の内容としては、以下に示す5点があげられる。

1 保育所の役割と機能の理解（保育所保育の理解）

ここではまず、保育所等の1日の生活の流れと保育の展開の理解、生活と遊びを中心とした様々な保育場面の特徴や目的を理解することが求められる。朝夕の特例保育の時間や土曜日も含め、保育所等の生活を体験しながら理解する。実際の子どもの生活とそれぞれの場面状況における保育士の援助やかかわりについても理解に努める。また、保育所保育指針に示されている事項が実際にはどのように保育に反映され展開されているのかについても考える。子育て支援についても、保育所で行われている子育て支援活動に触れて理解する。

2 子ども理解

0歳から6歳というめざましい速度で質的変化のある発達を遂げる時期の子ども集団が、どのように仲間とすごし育っていくのかについて、自分のかかわりや援助を通して、また、かかわりながらの観察を通して理解する。すべての年齢クラスでの保育に参加し、発達特性とそれに応じた援助について理解することが望ましい。保育実践の始まりにあるものが保育対象となる子どもの理解であり、発達に応じて保育が計画され、保育内容、保育援助、環境構成が考えられ実践されていくことを理解する。

3 保育内容と環境構成

各年齢クラスに配属され、補助的な役割をとりながら保育に参加し、発達過程に応じた保育内容について、保育計画と関連させながら理解する。また、生活や遊びの様々な場面における援助と環境構成の工夫について知る。生活と遊び場面での保育士の援助からは養護と教育が一体となって展開される保育の特性を、保育士の援助の意図への気づきから保育計画に基づく保育内容の展開を、子どもを取り巻く環境がどのように子どもの行動を生起させているのかを観察することで環境構成の意義と重要性までを理解することを目指す。

絵本の読み聞かせなど短い場面の保育を任されて実践することにも、積極的に取り組むことが望ましい。

子どもの健康と安全を保障することは保育士の重要な役割であるという観点から、登所時や保育中の健康観察、けがや疾病に対する対応、ふだんからの安全や予防の配慮がどのようになされているのかについて、保育士の援助と環境構成（安全を配慮した保育用具の選定や配置、必要な備品の準備状況など）の2つの観点から学習する。健康観察において確認すべき事項（機嫌、食欲、顔色、活動性など）を理解し、子どもの心身の状況をきめ細かく観察することの重要性について学ぶ。保育所における食育のあり方についても理

解する。

4 保育の計画・観察・記録

保育実践をどのように記録することが保育理解、子ども理解、自身の実践の省察につながっていくのか、自身の実習記録作成とそれに基づいた指導によって理解する。実習の記録は、作成することだけに重きが置かれるものではなく、記録を通して1日の保育内容や子どもの動き、保育士や実習生自身のかかわりをふり返り、それらの意味を探ったり、評価したり、次に取り組むべき自己課題を見いだしたりすることが重要であることを、実際に体験しながら理解する。

実習先の保育所の全体的な計画や指導計画にふれることや、保育後の保育士との話し合いを通して、保育実践は、全体的な計画、指導計画などの長期、短期の計画に基づいて行われ、実践後の評価によってまた計画が立てられていくという、保育の展開の特徴について理解する。

5 専門職としての保育士の役割と職業倫理

子どもの年齢や発達段階、集団規模などに応じて、複数の保育士がチームを構成して保育にあたっているのが保育所の保育の特性である。配属クラスにて補助的な役割をとりながら保育に参加し、生活（食事、睡眠、排泄、着脱衣、清潔など）や遊びの様々な場面に応じた援助内容と役割分担、保育士間の連携について理解する。

また、実習期間を通して、障害のある子どもの保育、保護者支援や地域子育て支援など、保育士が様々な役割を果たしていることに気づく。

さらには、保育士には高い倫理観が求められることをふまえ、子どもや家族のプライバシー保護のため、実習を通して知り得た個人の情報や秘密を守ることに留意して行動する。

2 保育実習Ⅰ（保育所）の実習プログラム例

前述した保育所実習の内容をおおむね10日間の実習で学習するには、図Ⅱ-S2-1（p.104）に示したようなクラス配属モデルがあげられる。保育実習Ⅰ（保育所）では、0歳から6歳までの子どもの生活と遊びの姿および発達特性について、観察とかかわりによって学習することができるようなクラス配属が望ましい。

3 「保育実習Ⅱ」

保育実習Ⅱでは、自らの実践を通して具体的に学ぶことが基本となる。保育所の役割や機能、保育の計画－実践－記録と省察について、実際に体験しながら理解を深めることが求められる。保育実習Ⅱは、修業年限のうち最終学年で行うことが多いので、これまでの既習科目と保育実習Ⅰでの実習経験をふまえて、総合的に保育をとらえる意識をもって実

習を行う。また、子どもの観察やかかわりについても、子どもをより深く理解するためには何をどのようにとらえればよいのか、どのような意図をもって援助しようとするのか、視点を明確にしながら実習する。

実習の内容としては、以下に示す6点があげられる。

❶ 保育所の役割や機能の具体的展開

保育実習Ⅰや他の科目で理解した保育所の役割や機能が、実習先の保育所においてどのように展開されているのか、具体的な場面に即して理解する。乳児保育、障害のある子どもの保育、早朝や夕刻の特例保育時間の保育、保護者支援や園庭開放などを通じての地域の子育て家庭の支援など、様々な場面を体験（観察やかかわり）しながら理解する。

❷ 観察に基づく保育理解

保育実習Ⅱでは、単に対象を理解するための観察ではなく、保育士としてどのように保育を構築していくかという視点に立って観察することが求められる。そのため、保育士としての観察の視点を獲得していくことに努力する。観察の対象は、子ども、保育士、保育所の生活全体であり、微視的、巨視的視点をもって観察し理解する。

障害児の保育についても、保育士のかかわりの観察、カンファレンスへの参加などの機会を通して学習する。

❸ 子どもの保育および保護者・家庭への子育て支援と地域社会等との連携

子どもの保育については、環境を通して行う保育、生活や遊びを通しての総合的指導・援助といった保育の基本となる考えが、保育実践においてどのように表されているのか、具体的に理解する。

保育所を利用している子どもの保護者に対する子育て支援については、登所降所時の保育士の保護者対応などの観察によって学習する。保育所と家庭をつなぐものとしての連絡帳や保育所だよりなどの役割を理解する。

地域の保護者等に対する子育て支援については、園開放や子育て相談などの支援場面の観察や保育カンファレンスへの参加によって、可能であれば相談場面への陪席も含めて学習する。地域子育て支援センター併設の実習施設であれば、その支援センターの活動にも参加する機会をもつことが望ましい。いずれの場合も、プライバシーの保護と守秘義務について、留意する。

保護者支援、子育て支援など子育て家庭への支援は、今後重要性が増すことが予想される保育士の役割であり、子育て支援、子ども家庭支援にかかわる授業科目も養成校にて既習していることから、実習内容に含めることが求められる。ただし、実習生が支援場面に陪席することが難しいケースもあり、子どもと家族の最善の利益を保障することを優先すべきであることはいうまでもないことであるから、指導方法については、実習施設との十

図 II-S2-1 保育実習の配属クラスモデル（保育実習Ⅰ（保育所）の場合）

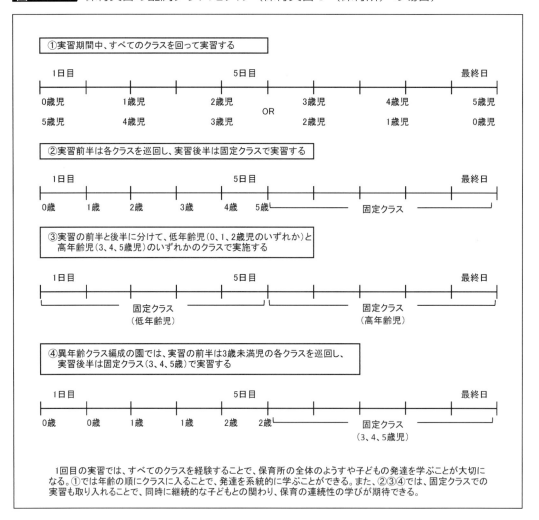

分な協議が必要となる。

　地域社会との連携については、実習地域の特性についても調べたうえで、どのような連携が求められ、行われているのか、具体的に理解する。子どもの障害や保護者の養育力の乏しさ、生活状況をめぐる問題など、特別な配慮が必要な子どもと家庭に対しては、関連する専門機関との連携のもとに保育が行われているので、関係機関との連携についても、実習先の取り組みを通して具体的に理解する。

4 指導計画の作成・実践・観察・記録・評価

　実際に指導計画を立てて実践し、自らのかかわりと観察したことを記録し、その記録を基に評価し自己課題を明確化する。保育実習Ⅱでは、指導計画を作成してそれを実践する「指導実習」までを行うことが求められる。1日を通した指導計画を立てるが、主となる保育士の役割を担って保育する指導実習は、必ずしも1日を通して行う必要はなく、実

図 II-S2-2 保育実習の配属クラスモデル（保育実習IIの場合）

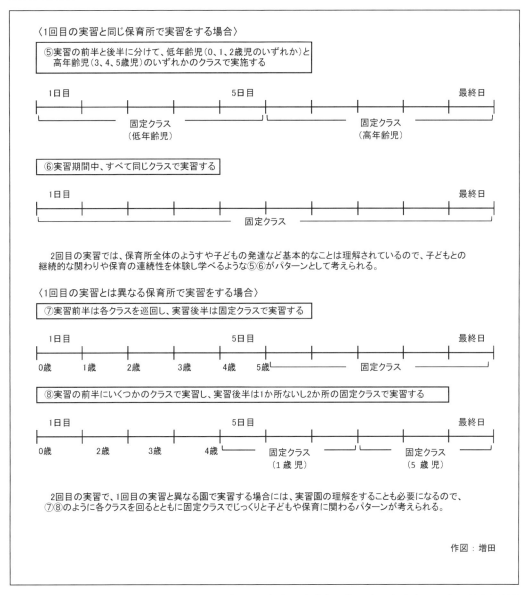

新　保育士養成講座編纂委員会編（2015）『新　保育士養成講座　第9巻　保育実習』全国社会福祉協議会、pp.100~102.

習先の状況や対象年齢、クラスに応じて、可能な保育場面で行う。ことさらに保育士が主導的役割をとるような活動を行うものではなく、自然な生活の流れの中で子どもの自発的な遊びや生活への取り組みを尊重した内容が望ましい。計画作成時から実習指導者の指導を受け、終了後にはふり返りの会（反省会）を行い、翌日からの取り組みに活かす。

5 保育士の業務と職業倫理

「1　保育所の役割や機能の具体的展開」（p.103）にあげたような多様な保育場面に、

可能な限り参加し、具体的に理解する。

　実習全体を通して、子どもの最善の利益や人権を尊重すること、子どもの代弁者として意見を伝えること、プライバシー保護に留意し、保育を通して知り得た個人の情報や秘密を守ること[14]、常に研鑽して自らを向上させようとすることなどについて、高い意識をもって取り組む。全国保育士会は、「全国保育士会倫理綱領」を作成し、高い職業倫理をもって保育にあたることを宣言している。実習の前には全文を確認しておきたい。

❻ 実習における自己課題の明確化

　保育実習Ⅰおよび保育実習Ⅱと保育所等における実習を重ねてきたことから、これから保育士資格を取得して保育士を目指す自己の課題を明確化する。自らの実践をふり返り、ふり返りの会（反省会）での指導内容も受け止めながら課題を整理する。実習事後指導や「保育実践演習」でも継続して検討していく。

4　「保育実習Ⅱ」の実習プログラム例

　図Ⅱ-S2-2（p.105）に、保育実習Ⅱの配属クラスモデルを示した。保育実習Ⅱでは、観察を通して、保育士の援助と環境構成について深く理解することが求められる。また、指導計画の作成とそれに基づく実践を行うので、子ども一人一人の発達や興味関心、子ども同士の関係などの理解も欠かせない。このような保育の理解に至るには、ある程度連続して同一のクラスにて実習を行うことが望ましい。

　保育実習Ⅰ（保育所）と同じ保育施設で実習を行う場合には、1または2クラスでの連続性をもった実習が可能となる。異なる実習施設で実習を行う場合には、その保育所の0歳から6歳までの子どもと保育を概観したうえで、指導実習を含めた実習を行うことが望ましい。

4　実習日誌の作成

　実習後には、その日1日の生活の流れと子どもと保育者の活動、自らの実践をふり返り、実習日誌に記録する。1日の記録には、必要事項として、①月日、曜日、天気、②実習クラス名、年齢、在籍子ども数、担当保育士、③出欠状況、④この日の実習目標、⑤特記事

---

14 「全国保育士会倫理綱領」では、プライバシーの保護については、「4. 私たちは、一人ひとりのプライバシーを保護するため、保育を通して知り得た個人の情報や秘密を守ります」と記されている。

項（行事など）を記入する。次いで、1日の保育の内容を記録し、自分が立てたこの日の実習目標やこの日の保育の内容に即しながら考察する。1日の保育の記録方法は、時間の経過に沿った記録方法や、エピソードを記録する方法、子どもの具体的な姿に対応させながら保育士と実習生の行動や配慮事項を記録する方法、環境図を活用しながら記録する方法などがあげられる。実習施設の状況や実習内容、自己の実習課題等に照らし合わせ、実習指導担当からの指導を受けながら、適切な記録方法を選択して実習日誌を作成する。毎日の記録に対しては、クラス担任や実習指導担当者から講評を受ける。

　実習日誌は、実習開始前に、実習前の養成校での学習や、実習施設での実習事前指導を受けて、必要事項を記録しておく。また、実習施設の特徴について実習中に加筆修正しながら、より適切な実習記録の作成に努める。実習中には、中間および最終のふり返りの会（反省会）に参加し、指導を受けた内容について記録し、自分の保育行為をふり返って省察し、見いだした課題について、これからの具体的な取り組みも含めて記録する。実習終了後には実習施設に実習日誌を提出し、総評を受ける。実習日誌に記載する項目の例を表Ⅱ-S2-15（p.108）に示す。

表 II-S2-15 実習日誌に記載する項目例

	項　目	内　容
実習開始前に記録しておく事項	表紙	実習名、実習施設名称、実習期間、所属養成校名、氏名など
	保育所の概況	施設名、設置主体、所在地（住所、電話）、施設長名、実習指導者名、保育方針・保育目標・特色・沿革など 児童数、職員数、クラス（クラス名、児童数、担任保育者人数）、その他の職員構成
	オリエンテーションの内容	実習時間、配属クラス、期間中の活動や行事、指導実習の進め方、実習日誌の提出方法、持ち物や服装、その他実習先に応じた内容
	本実習の目的・ねらい	実習科目として示されている目的・ねらいと、自分で立てたこの実習に対する取り組みのねらい
	実習計画表（＊1）	実習期間中の毎日の活動や行事、実習目標や内容、その他
実習中に記録する事項	保育所の環境	保育所全体（園舎および園庭など）の環境図
	保育室の環境	配属クラスの保育室内の環境図
	日々の実習記録（＊2）	月日、曜日、天気、クラス名と年齢、担任保育士、児童数（出欠）、今日の実習目標 生活の流れや保育の展開（子どもの生活する姿やそれに対応した保育士の関わりや援助、実習生の動きや気づき、簡単な環境構成の図など） 自分の実習目標や保育の実際に対応した考察、担任保育士または実習指導者からの講評
	指導計画	指導実習のために作成した指導計画、教材研究などの資料
	保護者支援、地域子育て支援、地域連携や関係機関との連携	保護者支援、地域子育て支援、地域連携や関係機関との連携について、観察や実際の関わりによって理解したこと
ふり返りの記録	1週間が終わって（中間のふり返り）	1週間を終えての自己評価、目標の再設定や後半の取り組みへの意欲など
	ふり返りの会の記録	実習後半にて開催されたふり返りの会、中間時点でのふり返りの会、毎日のふり返りの会などで受けた指導内容
実習後に記録する事項	実習のふり返りと今後の課題 総評	実習終了後に実習全体をふり返って、学んだ点や見いだした課題、今後取り組みたい事項やそのための学習計画などを整理して記入し、総評を受ける

＊1　実習中も必要に応じて書き加えや修正を行う
＊2　1日の保育の記録の記載方法や内容については、実習担当保育士からの指導を受けながら、実習生
　　自身も実習目標や内容に応じて工夫することが望ましい

　＜実習中に記入する日誌以外の書類＞

1	健康状態記入表	実習1週間前から実習修了1週間後までの朝夕の健康状態
2	出勤簿（出席カード）	実習施設に置き、出勤印と毎日の実習時間を記入

4 「保育実習Ⅰ（施設）」と「保育実習Ⅲ」

1 保育実習Ⅰ（施設）

1 施設との連携

　実習では実習施設と養成校との連携が不可欠となる。特に保育実習Ⅰ（施設）および保育実習Ⅲは多様な施設種別の実習先において実施されるため、実習先においてどのような実習が提供されるか、その内容が事前学習と合致しているかを確認しておく必要がある。連携の方法としては、実習前、実習中、実習後に連絡を取り合う方法が考えられる。実習前は配属する学生の情報を伝える際に保育プログラムの内容を確認することが可能であろう。実習中は現場指導に養成校教員が赴く際や電話連絡などで学生の状況などを確認するであろう。実習後は、実習のお礼などの連絡の際に情報交換ができるであろう。さらに、実習報告会に施設職員をお呼びして意見を求めたり、実習先と教員の懇談会を催したり、実習先とともに研究活動をするなどの接点が考えられる。こうした機会に養成校の実習に対する考え方を伝え、施設の受け入れ体制や運営理念の確認を行う必要がある。

2 実習プログラム

　実習先において提供される実習プログラム（実習先が策定する実習期間中の実習指導計画）が「教科目の教授内容」において記されている内容をカバーしているか、実習先施設と養成校において確認しておくことは、適切に現場体験を学生に提供するために必要となる。実習プログラムは、段階をおって専門性が高まること、施設や利用者、職員等の理解と専門性が学べるような内容にする。110頁より「児童養護施設運営指針」および「児童養護施設運営ハンドブック」に記載されている内容を示す。これは児童養護施設の職員が実習指導において取り組むべき内容が記されているものであるが、実習先と連携すべき養成校も内容を認識し、実習指導において活用することが望まれる。児童養護施設の指針ではあるが、他の施設においても共通する内容であると考えられる。

　実習を受け入れる側の施設職員は、表Ⅱ-S2-17（p.112）に記されているとおり、学生に適切な学びが提供できるように、日々のプログラムを規定する。ただしその内容を養成校においても把握し、事前指導に活かす必要がある。

表 II-S2-16 保育実習Ⅰ（施設）の目標および内容

<目標>
1. 保育所、児童福祉施設等の役割や機能を具体的に理解する。
2. 観察や子どもとの関わりを通して子どもへの理解を深める。
3. 既習の教科目の内容を踏まえ、子どもの保育及び保護者への支援について総合的に理解する。
4. 保育の計画・観察・記録及び自己評価等について具体的に理解する。
5. 保育士の業務内容や職業倫理について具体的に理解する。

<児童福祉施設等（保育所以外）における実習の内容>
1. 施設の役割と機能
  （1）施設における子どもの生活と保育士の援助や関わり
  （2）施設の役割と機能
2. 子どもの理解
  （1）子どもの観察とその記録
  （2）個々の状態に応じた援助や関わり
3. 施設における子どもの生活と環境
  （1）計画に基づく活動や援助
  （2）子どもの心身の状態に応じた生活と対応
  （3）子どもの活動と環境
  （4）健康管理、安全対策の理解
4. 計画と記録
  （1）支援計画の理解と活用
  （2）記録に基づく省察・自己評価
5. 専門職としての保育士の役割と倫理
  （1）保育士の業務内容
  （2）職員間の役割分担や連携
  （3）保育士の役割と職業倫理

【児童養護施設運営指針】[15]

第Ⅱ部　各論　8. 施設の運営　（6）実習生の受入れ

① 実習生の受入れと育成について、基本的な姿勢を明確にした体制を整備し、効果的なプログラムを用意する等積極的に取り組む。

  ・ 受入れの担当者やマニュアルを整えるとともに、受入れの意義や方針を全職員が理解する。

  ・ 学校等と連携しながら、実習内容全般を計画的に学べるプログラムを策定する。

---

15 厚生労働省（2012）「児童養護施設運営指針」pp.26-27

【運営指針の解説】[16]

　施設実習は、子どもを養育した経験のない実習生にとって具体的な援助技術の学びの場であると同時に実践の場です。実習生にとって最も大切なことは、子どもたちがおかれている現実にどれだけ寄り添い、子どもたちの心の機微にどれだけ触れることができるかです。その関わりのなかで、日常業務や観察・記録・ケース検討等の援助技術を修得し、そこで培った学びや気付きを真摯に受けとめることが重要です。

　また、施設実習は、まったくの部外者が実習の名のもと、子ども達の私生活に入ってくるものでもあります。施設実習を行うにあたっては、子ども達のプライバシーや個人情報保護に十分な配慮が必要です。

　実習生の育成は、実習指導を通し将来の児童養護施設職員の育成につながり、そのことが人材確保に大きな役割を果すことを意識して丁寧な指導をすることが必要です。

主な実習受入業務

① 　実習指導職員は、年間の実習生受入計画（人数、期間、日程）を策定し職員会議等で周知する。

② 　実習生の事前オリエンテーションを行い、実習生としての心構えや施設概要等について説明し、実習展開のイメージを描きやすいようにする。

③ 　実習初日での職員への紹介等緊張している実習生の気持ちをほぐし、実習中の注意や業務手順の説明を行う。

④ 　実習目標、実習記録を通じて実習生に対する具体的援助指導を行う。

⑤ 　中間反省会や施設長講話を通して、実習生の質問、疑問、悩みに対応し実習生の施設理解を深める。

⑥ 　実習終了時の反省会を通して、養育者として必要な資質について自己理解を深める。

⑦ 　実習終了後は実習日誌、実習評価表等の実務を行い、養成校への送付を行う。

---

16 厚生労働省（2014）「児童養護施設運営ハンドブック」pp.123-124

表 II-S2-17 児童養護施設における保育実習Ⅰ（施設）全日程のプログラム例

日	実習時間（含休憩時間）	学生が取り組む内容・課題	教授内容における項目	指導責任
1	10:00〜19:00	子どもたちの名前を覚える 職員とともに動き、施設の日課を覚える	1.（1）施設における子どもの生活と保育士の援助やかかわり 5.（1）保育士の業務内容	Aさん Bさん
2	13:00〜22:00	かかわりを通して子ども理解を深める①	2.（1）子どもの観察とその記録	Aさん
3	13:00〜22:00	かかわりを通して子ども理解を深める②	2.（1）子どもの観察とその記録	Aさん
4	15:00〜24:00	宿直業務の体験を通して子どもたちの生活支援について学ぶ	3.（3）子どもの活動と環境 3.（4）健康管理、安全対策の理解	Aさん
5	6:00〜15:00	実習前半の振り返りと後半の課題設定	4.（2）記録に基づく省察・自己評価	Aさん
		休日		
		休日		
6	8:00〜17:00	施設行事への参加	1.（2）施設の役割と機能	Bさん
7	13:00〜22:00	かかわりを通して子ども理解を深める③	2.（1）子どもの観察とその記録	Aさん
8	13:00〜22:00	自立支援計画の閲覧	3.（1）計画に基づく活動や援助 4.（1）支援計画の理解と活用	Aさん
9	13:00〜22:00	自立支援計画に基づいた支援の試行	2.（2）個々の状態に応じた援助やかかわり	Aさん
10	13:00〜22:00	栄養士から業務説明／調理の体験	5.（2）職員間の役割分担や連携	Cさん
		休日		
		休日		
11	8:00〜17:00	施設長、心理療法担当職員および家庭支援専門相談員から業務説明	3.（2）子どもの心身の状態に応じた生活と対応 5.（2）職員間の役割分担や連携	Dさん Eさん
12	10:00〜12:00	実習全体のふり返り	4.（2）記録に基づく省察・自己評価 5.（3）保育士の役割と職業倫理	Aさん Bさん

※「実習プログラム」に記載されている内容以外の取り組み（子どもの生活支援、家事など）も行う。

表 II-S2-18 児童養護施設における保育実習 I（施設）1 日分のプログラム例

日　時	配属先（担当）	学生が取り組むべき課題	教授内容の項目
2月12日（月） 13：00〜22：00 （実習8日目）	○△ホーム （Aさん）	自立支援計画の閲覧	3.（1）計画に基づく活動や援助 4.（1）支援計画の理解と活用

時間	実習内容	職員の役割・留意事項	担当
13：00	職員の引き継ぎに同席 本日の実習内容の確認	学生には改めて秘密保持の原則の重要性と秘密保持の具体的な内容、支援計画の目的の説明	Aさん
14：00	自立支援計画の閲覧（事務室）	学生が閲覧を希望した子どもの支援計画のみ、閲覧を許可／事務職員（遠藤）が閲覧状況を確認	Fさん
15：30	自立支援計画に関する質疑応答／計画に基づいた支援の説明（事務室）	必要以上に個人情報の提供をしない 明日のプログラム内容の確認	Aさん
16：00	子どもの支援（遊びや学習支援等）	事故、不適切な対応等がないよう、見守る	Aさん
17：30	夕食の準備／夕食／片付け	食事中、子どもたちとの会話を促す	Aさん
19：00	団らん	田中が幼児の入浴を担当する間、小学生以上の子どもたちと過ごしてもらう／適宜、様子を確認	Aさん
20：00	幼児寝かしつけ	幼児が興奮して寝ないようであれば交代する	Aさん
20：30	小学生就寝準備の確認	時間割が揃えられているかをみてもらう	Aさん
21：00	中高生と団らん	コミュニケーションがとれるように配慮する 適切な距離感でかかわれているかを確認する	Aさん
22：00	退勤	質問などがないか、宿直室で確認する 明日の実習内容の確認をする	Aさん

3　実習の記録

　実習体験を記録することは、保育所等での実習同様にその作成過程におけるふり返りを通して、保育理解、子ども理解、自身の実践の省察につながる。施設の環境図を書くことで子どもや利用者の生活状況について考える機会が得られたり、施設の沿革を調べること

表 II-S2-19 実習日誌に記載する項目例（施設）

	項目	内容
実習開始前に記録しておく事項	表紙	実習名、実習施設名称、実習期間、所属養成校名、氏名など
	健康状態記入表	実習1週間前から実習修了1週間後までの朝夕の健康状態
	出席簿（出席カード）	実習施設に置き、出勤印と毎日の実習時間を記入
	施設の概況	施設名、設置主体、所在地（住所、電話）、施設長名、実習指導者名、理念、特色、沿革など 利用児者数、職員数、職員体制（グループごとの利用児者数、職員数、職名）、その他の職員構成
	オリエンテーションの内容	実習時間、配属先（ホーム、フロア、ユニット、グループ等）、期間中の活動や行事、指導実習の有無、実習日誌の提出方法、持ち物や服装、（宿泊を伴う場合は）宿泊に必要な物、その他実習先に応じた内容
	本実習の目的・ねらい	実習科目として示されている目的・ねらいと、自分で立てたこの実習に対する取り組みのねらい
実習中に記録する事項	施設の環境	施設全体（建物や園庭など）の環境図
	居住/作業等空間の環境	主な配属先（居住スペース、作業スペース等）の環境図
	実習計画表	実習期間中の毎日の活動や行事、実習目標や内容、その他
	日々の実習記録	月日、曜日、天気、配属先と利用児者の構成、担当職員、利用児者数、今日の実習目標、生活の流れ（実習生の動きや気づき、簡単な環境構成の図など）、実習内容と実習内容に関する考察、実習指導者からの講評
	指導計画	＊必要に応じて使用
	保護者支援、地域子育て支援、地域連携や関係機関との連携	保護者支援、地域子育て支援、地域連携や関係機関との連携について、観察や実際のかかわりによって理解したこと
ふり返りの記録	1週間が終わって（中間のふり返り）	1週間を終えての自己評価、目標の再設定や後半の取り組みへの意欲など
	ふり返りの会の記録	実習後半にて開催されたふり返りの会、中間時点でのふり返りの会、毎日のふり返りの会などで受けた指導内容
実習後に記録する事項	実習のふり返りと今後の課題	実習終了後に実習全体をふり返って、学んだ点や見いだした課題、今後取り組みたい事項やそのための学習計画などを整理して記入 実習先に提出し、総評を受ける

で施設の理念がどのように構築されたかを考える機会となる。また「日々の実習記録」を通して、自身がどのように子どもや利用者を理解しているのか、その理解に基づいてどの

ような言動をしたのか、その言動が子どもや利用者にどのような影響を与えたのかをふり返り、考える機会となる。実習時間後に落ち着いた環境の中、ふり返りを行うことで、実習時間中は気づかなかったような観点を得ることができる。文章にして実習指導者に伝えることでさらに異なる視点から助言を得ることも可能となる。人と人とのかかわりは一面的にとらえることができるものではない。特に子どもや利用者の支援を学ぶ場合には多面的にとらえることが必要である。

　例えば児童養護施設での実習で、幼児の寝かしつけを行った際、子どもが余計に興奮して寝かせることができなかった実習生は、「その子どもにとって自分は遊び相手として認識されていたために寝かせることができなかった」と理解するかもしれない。しかし、職員からの助言により、その子どもが親との生活の中で、夜間、ひとりぼっちにさせられていたために夜間1人になることが怖いと感じて誰かと過ごそうと無意識に行動しているかもしれないと聞いたらどうだろうか。また夜になると暴力を振るわれた記憶が戻ってくるので眠るのが怖いと感じているのかもしれないと聞いたらどうだろうか。実習生としてその子どもの寝かしつけの際にすべきかかわりは安心させることであり、早く寝かせようと焦っている自分のかかわりが子どもを不安にさせていたと理解することにつながるかもしれない。このように、記録をつけることは、その場では十分でなかった理解を深め、自身の専門性を高めるきっかけとなる。

2　保育実習Ⅲ

1　施設との連携

　保育実習Ⅲも保育実習Ⅰ（施設）同様に実習施設と養成校との連携が不可欠となる。事前に実習生がこれまでの実習体験の中で学んだ内容や課題としてあげられていることなどについても共有することが望ましい。

2　実習プログラム

　実習プログラムについては、保育実習Ⅰで明らかとなった実習生の特徴を伸ばすとともに、課題となっている点について取り組めるよう配慮する必要がある。保育実習Ⅰ（施設）と異なる施設種別になったからといって、同様のレベルの実習内容にならないよう、プログラムを意図的に作成する必要がある。

表 II-S2-20 保育実習Ⅲの目標および内容

<目標>
1. 既習の教科目や保育実習の経験を踏まえ、児童福祉施設等（保育所以外）の役割や機能について実践を通して、理解する。
2. 家庭と地域の生活実態にふれて、子ども家庭福祉、社会的養護、障害児支援に対する理解をもとに、保護者支援、家庭支援のための知識、技術、判断力を習得する。
3. 保育士の業務内容や職業倫理について具体的な実践に結びつけて理解する。
4. 実習における自己の課題を理解する。

<内容>
1. 児童福祉施設等（保育所以外）の役割と機能
2. 施設における支援の実際
　（1）受容し、共感する態度
　（2）個人差や生活環境に伴う子ども（利用者）のニーズの把握と子ども理解
　（3）個別支援計画の作成と実践
　（4）子ども（利用者）の家族への支援と対応
　（5）各施設における多様な専門職との連携・協働
　（6）地域社会との連携・協働
3. 保育士の多様な業務と職業倫理
4. 保育士としての自己課題の明確化

表 II-S2-21 児童館における保育実習III全日程のプログラム例

日	実習時間（含休憩時間）	学生が取り組む内容・課題	教授内容における項目	指導責任
1	9:00〜18:00	職員とともに動き、1日のプログラム内容とその意図について学ぶ	1. 児童福祉施設等（保育所以外）の役割と機能	Dさん
2	9:00〜18:00	午前：母親サークル活動の見学 午後：小学生の遊びに参加する①	1. 児童福祉施設等（保育所以外）の役割と機能	Dさん
3	9:00〜18:00	午前：乳幼児クラブの見学 午後：小学生の遊びに参加する②	2.（1）受容し、共感する態度	Dさん
4	9:00〜18:00	午前：母親サークル活動の見学 午後：遊びの提案をする①	2.（2）個人差や生活環境に伴う子どものニーズの把握と子ども理解	Dさん
5	9:00〜18:00	午前：行事の準備 午後：遊びの提案をする②	2.（2）個人差や生活環境に伴う子どものニーズの把握と子ども理解	Dさん
6	9:00〜18:00	施設行事の準備および行事運営補助	2.（5）多様な専門職との連携・協働 2.（6）地域社会との連携	Dさん
		休日		
7	9:00〜18:00	午前：乳幼児クラブ実施の補助① 午後：学童保育の補助を行う①	1. 児童福祉施設等（保育所以外）の役割と機能	Dさん
8	9:00〜18:00	午前：母親サークルの方に話を伺う 午後：学童保育の補助を行う②	2.（4）子どもの家族への支援と対応 3. 保育士の多様な業務と職業倫理	Dさん
9	9:00〜18:00	午前：乳幼児クラブ実施の補助② 午後：遊びのコーナーの企画実施	2.（4）子どもの家族への支援と対応 2.（3）個別支援計画の作成と実践	Dさん
10	9:00〜18:00	午前：母親サークル活動のお手伝い 午後：中高生の活動の手伝い	2.（5）多様な専門職との連携・協働 2.（6）地域社会との連携・協働	Dさん
11	12:00〜21:00	午後：中高生の活動の手伝い 夜：職員研修に陪席	2.（6）地域社会との連携・協働 2.（4）子どもの家族への支援と対応	Dさん
12	9:00〜12:00	実習全体の振り返り	4. 保育士としての自己課題の明確化	Dさん

表 II-S2-22 児童館における保育実習Ⅲ　1日分のプログラム例

日　時	配属先（担当）	学生が取り組むべき課題	教授内容の項目	
2月14日（水）9：00〜18：00（実習9日目）	午前：乳幼児クラブ（Dさん）午後：主に体育館（Dさん）	午前：乳幼児クラブ実施の補助②午後：遊びのコーナーの企画実施	2.（4）子どもの家族への支援と対応 2.（3）個別支援計画の作成と実践	

時間	実習内容	職員の役割・留意事項	担当
9：00	本日の実習内容の確認	午前中のプログラムでの役割の確認 遊びコーナー取り組み内容の最終確認 施設内清掃	Dさん
9：30	乳幼児クラブ準備	受付準備（実習生が親子の受付担当）講師との打ち合わせ	Dさん
10：00	乳幼児クラブ開始（外部講師によるベビーマッサージ教室）	参加者の安全、体調等の確認 実習生には適宜、講師の手伝いをしてもらう	Dさん
11：30	乳幼児クラブ終了・後片付け	講師とのふり返りと次回講座の確認 片付け	Dさん
12：00	休憩		Dさん
13：00	図書室の本の整理	子どもたちが来館するまでの間、本棚の整理を実習生にしてもらう	Dさん
14：00	遊びへの参加 子どもの安全確認	体育館で遊ぶ子どもたちの担当を実習生にしてもらう。職員が適宜見回る	Dさん
15：30	遊びコーナー（指導案に基づいた取り組み）	指導案に基づいた遊びの実施 実習生の補助を職員が行う	Dさん
17：00	遊びコーナー片付け		Dさん
17：30	明日の準備 遊びコーナーのふり返り	明日の母親サークルの内容の確認 遊びのコーナーで気になったことを伝える	Dさん

5 訪問指導

1 実習における訪問指導の位置づけ

　保育実習における指導とは、実習施設における実習期間および実習前後の指導にかかる取り組みとしてとらえるだけでなく、養成校における保育士養成教育全体の過程の中に位置づけられるものである。

　ここでは、「訪問指導」のミニマムスタンダードを提案するに際して、その位置づけを改めて確認し、養成校の実習指導者と学生、そして実習施設の実習指導者のそれぞれにとっての意義について考えてみたい。

　「訪問指導」にかかる根拠は、「保育実習実施基準[17]」の「第3　実習施設の選定等」の5に、「指定保育士養成施設の実習指導者は、実習期間中に少なくとも1回以上実習施設を訪問して学生を指導すること。なお、これにより難い場合は、それと同等の体制を確保すること」と示されていることによる。

　なお、2015（平成27）年の改正に伴い、保育実習Iならびに保育実習IIの実習対象施設として、保育所以外に「幼保連携型認定こども園或いは小規模保育A・B型及び事業所内保育事業」[18]による施設が新たに加えられた。基本的には、保育所への訪問指導内容に準拠すべきであるが、とりわけ小規模型の保育施設の場合、その特徴に配慮した訪問指導のあり方が求められる。

1 実習全体における位置づけ

■ 実習サイクルの中の位置

　保育実習は学生の主体的な学びの機会であり、「6　実習評価」（p.135）で述べるように、学生がらせん状の学習モデルで保育士の専門性を身につけていく過程である。「訪問指導」は、学生が実習を実施している時間に、実施している場で、養成校の教員が直接指導する機会である。養成校教員と学生の双方にとって、実習前に作成した計画の実施状況を中間

---

17 厚生労働省雇用均等・児童家庭局局長通知「指定保育士養成施設の指定及び運営の基準について」
　　別紙2（平成30年4月27日子発0427第3号改正現在）
18 前掲17「保育実習実施基準」第2の1（備考1）

的に把握する機会となり、必要に応じて後半への動機づけや軌道修正をすることによって後半の実習をより有効な学びとすることが可能となる。

② 保育実習の実施施設と養成校がともに支え、ともに担い合う

学生が保育士として実践する基礎的な能力を養う機会である保育実習を、直接に日々支え、担っているのは実習施設であり、施設内で選任された実習指導者ならびに指導担当職員である。まさに、保育実習は養成校と実習施設との連携と協働によって実施される。このことは局長通知にも盛り込まれている。保育実習計画は養成校と実習施設との協議によって策定すること [19]、保育実習の目的を達成するために、養成校の実習指導者が実習施設の指導担当職員と相互に密接な連絡をとるように努めること [20]、また実習期間中に実習施設を訪問し、実習施設の指導担当職員と連携しながら訪問指導によって学生を指導すること [21]、などがそれである。

学生が保育士へと育ちゆく学びを支えるために、いくつかの機会を設けて養成校と実習施設とが連携・協働することになるが、直接学生に向けてその連携と協働を実践する機会が訪問指導である。すなわち、訪問指導は、学生が実習しているその場で、具体的に学生が得た手応えや課題を共有し、確認する機会である。さらに、課題の達成に困難を感じている場合にはその困難さを克服するための力が発揮できるように、具体的または直接的に学生を支える機会である。付随的には、養成校の実習指導者（あるいは訪問指導者）と実習施設の実習指導者（あるいは指導担当職員）間で実習にかかわる諸事項の協議を行い、養成校と実習施設とのより緊密な連携と協働を図る機会ともなる。

③ 実習指導者とその責務

保育実習実施基準の「第3　実習施設の選定等」の3において謳われているように、「実習指導者」とは、養成校においては指定保育士養成施設の所長が定める養成校の教員を、実習施設においては主任保育士またはこれに準ずる者のうちから定められる者のことを意味する。

前項において、この両者、すなわち養成校の実習指導者と実習施設の実習指導者による緊密な連携と協働のもとに実習指導が展開されなければならないとあるように、この連携と協働を具現化していくためにも、双方の実習指導者の果たすべき役割は大きい。

とりわけ養成校の実習指導者においては、次項において示すように、訪問時の実習指導を充実させていくための取り組みを、実習先の理解を得ながら展開していく必要がある。

---

19 前掲17「保育実習実施基準」第2の5
20 前掲17「保育実習実施基準」第3の4
21 前掲17「保育実習実施基準」第3の5

しかしながら、多くの養成校の実情としては、1名の実習指導者がすべての実習先を訪問し、指導することは不可能であるという現実があり、実際には、学部・学科に所属する他の教員にも訪問指導への協力依頼を行うのが一般的である。このため、実習指導者以外の「訪問指導者」に対しては、訪問時における実習指導展開の内容や方法、さらには実習にかかわる事務的な学内ルール等について、保育実習実施基準を根拠として事前に具体的に説明する必要がある。

一方、実習施設に対しては、事前に文書等をもって実習の目的やねらい、評価にかかわる依頼など、実習施設の実習指導者に伝えておくことで、訪問指導時の円滑な指導を可能にする。

4 訪問指導者

訪問指導者は、基本として、1人の学生の学内における事前・事後指導の実習指導者が、実習期間中にその学生の実習施設を訪問して現地で指導するものと考えるのが本来の姿であり、自然であろう。先にも述べた通り、保育実習実施基準においても「実習指導者は、実習期間中に少なくとも1回以上実習施設を訪問して学生を指導をすること」[22] と示されているのはこのことを意味している。

しかし、先に述べたように、現実的には養成校の実情からそれがかなわない場合も少なくない。実際には、それに代わる様々な方法が工夫されながら実施されている。保育実習実施基準においても、先の文章に続いて「なお、これにより難い場合は、それと同等の体制を確保すること」[23] と示されており、養成校が実情に即して工夫することが容認されている。

こうした実習指導者以外の教員も訪問指導を担っている実態に鑑みれば、前項でも触れたように、訪問指導の内容について教員間である程度共通の認識をもち、また一定水準以上の訪問指導の成果をにらんだモデルが必要である。

2 当事者それぞれにおける意義

1 養成校側における意義

養成校における実習指導者、訪問指導者および養成校にとっての訪問指導の意義として次の4点をあげることができる。

① 学生との面談や観察によって実習状況を把握する機会となる。

② 実習期間中の面談や実習日誌等の資料をもとに、実習施設の実習指導者ならびに指導

---

22 前掲17「保育実習実施基準」第3の5
23 前掲17「保育実習実施基準」第3の5

担当職員と連携して、より有意義な実習となるよう必要に応じた指導の機会となる。

③　実習施設の実習指導者ならびに指導担当職員との懇談等をとおして、実習施設についての情報収集（実習指導体制、保育内容・方法など）ならびに養成校の教育・実習目標や方法の説明など諸事項の協議を行い、実習や養成について実習施設と連携を図る機会となる。

④　養成校における実習開始までの事前指導内容を、実習施設の実習指導者ならびに指導担当職員に正確に伝えて、実習指導において協働する機会となる。

なお、ここでいう「指導担当職員」は施設長も含む総称である（第Ⅰ部「4　用語の説明」（p.39）を参照）。

③④の内容については事前の打ち合わせ等において、双方が了承済みであると思われるが、それが十分でなかった場合やその後の変更などについて補足する必要がある場合、この機会を活用することができる。

❷ 学生における意義

学生にとっての保育実習期間中の訪問指導の意義には次の7点があげられる。

①　不安や緊張がほぐされて、安心感とやる気につながる機会となる。

②　喜びや手応えを感じている内容を明確化し、実習生自身の保育に対する姿勢や価値観の明確化につなげる機会となる。

③　戸惑いや不安の原因や内容を明確化し、実習生自身の保育に対する姿勢や価値観の明確化につなげる機会となる。

④　実習の目標やそこへの達成状況を点検して、必要な修正と適切な方法の再確認の機会となる。

⑤　実習施設側との対話による実習内容調整の機会となる。

⑥　実習上の具体的な指導を受ける機会となる。

⑦　実習遂行上の事務的学内ルールを確認する機会となる。

実習実施の年次あるいはその時期や段階によって、これらの意義の重みは異なることが予測される。初期の段階では、①②の比重は高く、また③や⑤の内容は学生にジレンマとして経験されている場合が多く、実習施設側に対して、訪問指導者が代弁者としての役割を期待されることも想像される。訪問指導が学生にとって真に意義があるものとなるよう、養成校の実習指導者（または訪問指導者）は実習の時期と段階をふまえて訪問指導にあたることが望まれる。

実習指導者（または訪問指導者）は学生一人一人の実習の課題を事前に把握しておくことが必須である。⑦については事前指導において指導がなされているが、ケースによってはこの時点で確認が求められる場合もある。したがって実習指導者（または訪問指導者）は、

実習にかかわる事務的学内ルールを把握しておくことも欠かせない。

❸ 実習施設側における意義

実習指導者ならびに指導担当職員にとっての訪問指導の意義は、次の5点が考えられる。

① 学生にとってより有意義な実習となるよう養成校との連携・協働による指導の機会となる。

② 実習開始以前の養成校における指導内容を正確に知る機会となり、養成校との連携・協働を充実させる機会となる。

③ 学生についての理解を深めるための情報を得る機会となる。

④ 養成校の教育・実習目標についての確認や実習施設についての情報提供、個人情報に関する配慮等、その他諸事項の協議を行って、実習や養成について養成校と連携を図る機会となる。

⑤ 保育士のキャリアパスにおける実習指導の位置づけを認識し、その指導力の育成を図る機会となる。

②④の内容については事前の打ち合わせ等において、双方が了承済みであると思われるが、それが十分でなかった場合やその後の変更などについて補足する必要がある場合、この機会を活用することができる。

以上のように、訪問指導は学生をはじめ実習施設や養成校にとって、極めて大きな意義があると考えられる。しかしながら、こうした訪問指導の意義について、学生と実習施設の実習指導者（あるいは指導担当職員）、養成校の実習指導者（あるいは訪問指導者）の三者に共通理解が形成されているとは限らない。訪問指導の意義について三者が共通理解をもつことによって、次節以降に示す訪問指導の方法や内容を実施することが可能となり、学生はよりよい実習の成果を得ることにつながると考えられる。また共通理解をもつことによって、実習施設側も養成校側も、さらには実習生も、訪問指導に要する時間を確保するために工夫をする方向に向かうことができる。したがって、実習施設と養成校と実習生の間で、訪問指導の意義について共通理解をもてるように努めることは重要な課題であるといえよう。

2 訪問指導の方法

1 訪問の回数と時期

訪問回数と時期等についての提案は次のとおりである。

■訪問回数と時期等
① 訪問回数は実習期間中に1回以上とする。
② 訪問が1回の場合は、中間指導の点から、実習の中間頃を目安にして訪問する。
③ 訪問が2回以上の場合は、個々の訪問の目的を設定し、時期を選択する。

■訪問日時についての実習施設との相談
① 訪問日時についてはあらかじめ実習施設と相談して決定する。
② 変更が生じた場合には、速やかに実習施設に連絡を入れ、再度その日時について相談して決定する。

訪問日時については、あらかじめ実習施設と相談して決めることが一般的なマナーである。とりわけ、小規模保育A・B型および事業所内保育事業として保育が展開されている園の場合、実習施設の実習指導者ならびに指導担当職員の業務の流れの中に無理なく組み込んでいただくことを可能とするための配慮が必要となる。

学生にとっての訪問指導の意義を最大限活かすためには、訪問日時をあらかじめ実習生に伝える工夫が望まれる。2回以上の訪問が可能である場合には、指導実習を観察する、もしくはふり返りの会（反省会）に参加するなどが望ましい。

そのほかに、実習施設側からの要望に応じて訪問指導が必要になる場合がある。さらに、学生からの要望に応じて訪問指導が必要になる場合もあるが、現実には、学生からの要望に応じて訪問指導のできる体制はどれだけ整えられているだろうか。実習をとおして学ぶ当事者は学生であることを考えると、学生自身の必要から訪問指導の要望が出ることは不思議ではない。学生からの要望に応じて訪問指導が可能であることを、実習開始前に学生に周知することが望まれる。これら、緊急の要望に応じてすぐに訪問指導ができるように養成校内で体制を整えておくことは今後の検討課題である。

2 訪問指導の所要時間

訪問指導の所要時間（実習施設への滞在時間）は訪問指導の内容に依拠することになる。学生の状態をみながら、訪問指導の内容の中で重点を置くものに柔軟性をもたせ、1人あたり30分程度をあてることが無理のないところとなろう。

一方、学生の指導実習（第Ⅰ部「4　用語の説明」（p.39）を参照）を参観する、またはふり返りの会（反省会）等に参加するならば1時間を要することもあろう。1つの実習施設に複数の実習生がいる場合には、その人数に応じて多くの時間を要することとなる。

　ところで、実習施設側の都合を無視して訪問指導時間をとることは適当でない。訪問指導の所要時間について、あらかじめ実習施設側と相談しておくことが望まれる。

3　訪問指導の形態

　訪問指導は、学生を中心に養成校の実習指導者（あるいは訪問指導者）と実習施設の実習指導者（あるいは指導担当職員）がその場を構成する当事者となる。実習施設側の受け入れ体制は多岐にわたるが、個別の実習生に対する指導が主たる目的であるため、訪問指導の形態の基本は、以下の3通りと考えられる。とりわけ、「2　学生における意義」（p.122）の内容が実現されるためには、①の機会は欠かせない。

■基本的な形態

①　学生と養成校の実習指導者（あるいは訪問指導者）との二者面談

②　学生と実習施設の実習指導者（あるいは指導担当職員）、養成校の実習指導者（あるいは訪問指導者）との三者面談

③　学生と実習施設の実習指導者と指導担当職員（あるいは複数の指導担当職員）、養成校の実習指導者（あるいは訪問指導者）との四者面談

■その他の形態

　学生の実習状況によっては、実習施設側（養成校側）からの要望等によって、次のような形態の面談も行われる場合がある。

④　実習施設の実習指導者（あるいは指導担当職員）、養成校の実習指導者（あるいは訪問指導者）との二者面談

⑤　複数の学生と実習施設の実習指導者(あるいは指導担当職員)、養成校の実習指導者(あるいは訪問指導者)との変則三者面談

⑥　複数の学生と実習施設の実習指導者および複数の指導担当職員、養成校の実習指導者（あるいは訪問指導者）との変則四者面談

⑦　複数の学生と養成校の実習指導者（あるいは訪問指導者）との変則二者面談（グループ面談）

　さらに、①②③⑤⑥⑦の前後に④が組み合わされる場合もある。加えて、訪問指導者が指導実習を参観する場合や、ふり返りの会（反省会）に参加する場合も含むことがある。

　どのような形態で行うかは実習施設の実習指導者（あるいは指導担当職員）、養成校の実習指導者（あるいは訪問指導者）の協議によって適宜判断することが望ましい。とりわ

け、保育実習Ⅰおよび保育実習Ⅱにおいて小規模保育A・B型および事業所内保育事業として保育が展開されている施設を実習先として選択した場合、この点への配慮が欠かせない。

4 訪問指導時に使用する資料

訪問指導に際しては、以下のような具体的な資料の活用が有効であろう。

① 学生の作成した実習施設オリエンテーション報告書（実習施設におけるオリエンテーション時に指示された内容等について記載したもの）
② 実習日誌
③ 学生の実習課題（養成校における実習の共通課題と個々の学生の個別の課題）
④ 学生の作成した指導計画案（援助計画案）その他の資料
⑤ 実習施設が作成した実習期間中の実習指導プログラムやその他の資料
⑥ 訪問指導時用メモ様式（実習訪問時の「話題」＜学生への指導時の視点、実習施設の実習指導者（あるいは指導担当職員）との懇談時の視点等＞が記載されたもの）

3 訪問指導の内容

1 学生のようすの把握と指導・助言

訪問指導の内容としてはじめにあげたいことは、何より学生に緊張や不安が認められた場合、それを受け止め、自分なりに頑張っていると思っていることに対して共感的に理解しようとすることである。

① 心身の健康状態、気がかりなこと、困っていること等について確認する。
② 不安等の気持ちを受け止める。
③ 励ます。
④ 改善に向けた見通しがつくように具体的なアドバイスを行う。

これらの訪問指導内容を実施するためには、学生と養成校の実習担当者（あるいは訪問指導者）との間に信頼関係が形成されていることが必須条件となる。

なお、現行の保育士養成課程において、保育実習ⅠとⅡまたはⅢの実習内容、さらには事前・事後指導における教授内容には明らかに保育実習ⅠとⅡまたは保育実習ⅠとⅢにおいて、その順序性が示されているため、この実習段階を意識した指導や助言が求められる。

2 実習状況の確認と調整

続いては、学生の実習の状況を確認し、一人一人の学生の必要に応じた調整をすることである。以下の項目は、すべての学生に必ず確認しなければならないという性質のものではない。養成校の実習指導者（あるいは訪問指導者）の判断によって個々の学生にとって必要と判断される項目について取り上げることになる。あくまでも一人一人の実習生の状況に応じることが肝要である。

① 学生からの質問や相談に応じる。
② 実習施設に関する学生の理解について確認する。
③ 学習状況・実習計画を確認する。
④ 実習課題への取り組み状況を確認し、前項との関係等必要に応じて変更・修正などの指導をする。
⑤ 実習内容・学んだことを適切に記録化できているかについて確認する。
⑥ 施設側の実習指導プログラムおよび指導方法について、学生の受け止め方や希望を確認する。
⑦ 実習中にあった具体的トラブルや口頭で受けた指導内容等を確認する。
⑧ 必要に応じて施設側からの指摘や要望事項を学生に伝える。

3 子ども（利用者）との関係の確認と指導

学生と子ども（利用者）との関係形成が望ましいものとなるように支援する。子どもや職員との関係形成に苦慮している場合は、必要に応じて対応することとなる。この側面では、学生本人は問題を感じていないが、実習施設の実習指導者（あるいは指導担当職員）が問題ととらえている場合がある。その場合、養成校の実習指導者（あるいは訪問指導者）は学生本人に問題意識の自覚をうながす必要があるか否かについて、実習施設の実習指導者（あるいは指導担当職員）と十分に協議することが必要となり、それぞれの役割を互いに認識して、まさに協働することとなる。

子ども（利用者）との関係形成に関する問題点の有無を確認し、必要に応じて指導をする。

  実習施設の実習指導者（あるいは指導担当職員）を含めた全職員との関係の確認と調整

学生は実習施設の実習指導者（あるいは指導担当職員）やその他の職員との関係形成に苦慮する場合がある。養成校の実習指導者（あるいは訪問指導者）が、学生からの情報と

実習施設の実習指導者（あるいは指導担当職員）からの情報をもとに双方に対して必要な対応をするなど、その関係性の調整をすることによってそれ以後の実習が円滑になることがある。

> 実習施設の実習指導者（あるいは指導担当職員）やその他の職員との関係形成に関する問題点の有無を確認し、必要に応じて適切な対応・処置をする。

　関係形成に関する問題点の有無を確認するためにも、学生がこの問題を表現することを保障するためには、学生と養成校の実習指導者（あるいは訪問指導者）の二者面談の機会が確保される必要がある。

5　実習施設の実習指導者（あるいは指導担当職員）への連絡・依頼内容

　養成校における実習の事前指導内容について、実習施設の実習指導者（あるいは指導担当職員）が理解していることは大切である。したがって、指導内容については正確に伝え、共有したい。また、学生と養成校の実習指導者（あるいは訪問指導者）が面談した中から、または訪問指導の前に学生から養成校に相談や訴えがあった場合に、学生の要望や悩みを、養成校の実習指導者（あるいは訪問指導者）が実習施設の実習指導者（あるいは指導担当職員）へ伝達する必要がある場合がある。これは特に実習段階の初期にみられることがある。その他、養成校側の判断で実習施設の実習指導者（あるいは指導担当職員）に依頼や要望が必要となる場合があることも予想される。

> ①　養成校における事前の指導内容を実習指導者（あるいは指導担当職員）に正確に伝える。
> ②　必要に応じて学生の要望事項や悩みを実習指導者（あるいは指導担当職員）に伝える。
> ③　必要に応じて実習指導プログラムや指導方法の調整を実習施設の実習指導者（あるいは指導担当職員）に依頼する。

6　養成校側の教育方針や方法と実習施設の実習指導プログラムや方法との調整

　養成校側の教育方針や方法ならびに実習の目的や段階については、実習指導の依頼の時点で、実習施設側に説明して理解を得ていることが望ましい。また、実習施設の実習指導方針や方法については、養成校側で理解して実習依頼することが望まれる。相互にその理解のうえにたったときに、真の連携・協働による実習指導が実現すると考えられる。保育実習実施基準に従えば、実習指導の開始以前に、保育実習の全体の方針や実習の段階、内容その他について養成校と実習施設との協議によって、双方の了解のもとに保育実習の計画が策定されていることとなる。しかし現実的には、養成校と実習施設との真の連携・協

働による実習指導を実現すべく努力している段階にある場合が多いことが推察される。そこで、訪問指導には以下の事項も求められる場合が少なくない。

① 実習施設の実習指導者（あるいは指導担当職員）から養成校への要望を聞く。
② 必要に応じて実習指導プログラムや方法について双方で調整する。
③ 養成校の実習目標と評価方法について、実習施設の実習指導者（あるいは指導担当職員）に理解されていることを確認する。
④ 実習施設の実習指導者（あるいは指導担当職員）と実習指導のあり方について話し合う。

4 訪問指導記録

引き続き、保育実習実施基準にある訪問指導の記録について検討し、記録様式のミニマムスタンダードを提案する。

1 記録することの根拠

訪問指導を記録することの根拠は、保育実習実施基準「第3 実習施設の選定等」に「6 指定保育士養成施設の実習指導者は、実習期間中に、学生に指導した内容をその都度、記録すること。また、実習施設の実習指導者に対しては、毎日、実習の記録の確認及び指導内容を記述するよう依頼する等、実習を効果的に進められるよう配慮すること」[24] と示されていることによる。

2 記録することの意義

保育実習実施基準とは別に、ここでは、記録することの意義を確認しておくこととする。記録することの一般的な意義として次のことをあげることができる。

① 文字化する過程であいまいさが低減する。
② 文字化して記録データにすることにより、時間を超えてくり返し扱うことができる。
③ 文字化することによって他の実習関係者との共有化が図りやすい。

再三述べられているように、実習指導は保育士養成課程全体の流れの中に位置づけられるものである。また、一人一人の学生に対しては、実習前→実習中→実習後の流れの中でその育ちをとらえて、継続してかかわることが求められており、訪問指導はその一部を形

---

24 前掲 17「保育実習実施基準」第 3 の 6

成している。しかしながら、「4　訪問指導者」（p.121）で述べたように、1人の学生に対して1人の実習指導者が、事前指導（実習前）・訪問指導（実習中）・事後指導（実習後）と一貫して実習指導全体に継続してかかわることを望むことは現実的でない場合が多い。すなわち、1人の学生に対して複数の実習指導者ないしは他の教員の協力のもとに実習指導がなされる実習を想定する必要がある。

　また、「1　実習における訪問指導の位置づけ」（p.119）でも述べてきたように、訪問指導は養成校と実習施設を具体的につなぐ役割も担っている。

　以上の点から、訪問指導の内容は記録されて、養成校の実習指導者と訪問指導を担う他の教員（訪問指導者）との間で共有されることの意義は大きいものである。

③ 基本的な考え方

　実習は学生個々の活動であり、個々の学びである。養成校の実習指導者（あるいは訪問指導者）は、訪問時の面談形態がグループ面談やグループカンファレンスであったにしても、学生個々に対する指導が基本となるものである。

　記録の内容の柱は、「養成校の実習指導者（あるいは訪問指導者）が把握した事項」と「養成校の実習指導者（あるいは訪問指導者）が指導した事項」の2本である。把握した事項には、学生からの情報と、実習施設からの情報とが含まれるため、それぞれを区別して記載することが望まれる。また、指導した事項には、「実習生への指導・助言内容」と、「実習施設の実習指導者（あるいは指導担当職員）との調整・連絡・依頼事項」があり、それらを具体的に記載することが他の実習関係者との共有のうえで大切である。

④ 記録様式に含まれる事項

　訪問指導記録の様式には、少なくとも以下の事項が含まれることが望まれる。記載に多くの時間を要することのないような様式を準備しておくことも大切である。

---

① 「保育実習Ⅰ（保育所）訪問指導記録」など、実習種別がわかるタイトル

② 養成校名

③ 学生の学年（入学年度）、学籍番号、氏名

④ 実習施設名、所在地

⑤ 訪問時の施設側の面談者、実習施設の実習指導者（あるいは指導担当職員）氏名

⑥ 実際に訪問した養成校の実習指導者（あるいは訪問指導者）氏名

⑦ 訪問日時、滞在時間

⑧ 面談の形態

・学生と二者面談、または学生と実習施設の実習指導者（あるいは指導担当職員）ないしはそれに代わる職員との三者面談、または実習施設の実習指導者（あるいは指導担当職員）ないしはそれに代わる職員との二者面談、またはその他の面談の形態およびそれらの組み合わせの別を記載する。面談以外に指導実習の参観や反省会への参加があった場合にはこれも記載する。

⑨　把握事項と指導・助言内容、調整・連絡・依頼事項

・把握事項と指導・助言内容、調整・連絡・依頼事項は、実習の年次あるいはその時期や段階によって異なることが予想されるため、「3　訪問指導の内容」（p.126）に示した「訪問指導の内容」の中から、各養成校の実習種別の実習時期に合わせた事項をあげておくことが適当であろう。

⑩その他

・評価項目に準拠した項目を盛り込むなど必要に応じて記載する。

　記載に多くの時間を要することは現実的ではなく、そのような様式は利用価値が低くなる。そこで、本書において提案する訪問指導記録の様式（p.132以下参照）は、記載の便を考慮した簡便なものである。各養成校での工夫が求められる。

オリエンテーション記録用紙（例）

学生氏名		学年		学籍番号	

実習園・施設名	
園長・施設長氏名	
オリエンテーションの日時	平成　　年　　月　　日（　　）　　時　　分〜
オリエンテーション担当の先生	

オリエンテーションの内容（実習中の注意事項、持ち物、勤務時間など）

実 習 日 程

実習期間：　　月　　日（　　）〜　　月　　日（　　）

月／日（曜日）	実習内容・行事・配属クラス等	月／日（曜日）	実習内容・行事・配属クラス等
／　（　　）		／　（　　）	
／　（　　）		／　（　　）	
／　（　　）		／　（　　）	
／　（　　）		／　（　　）	
／　（　　）		／　（　　）	
／　（　　）		／　（　　）	
／　（　　）		／　（　　）	
／　（　　）		／　（　　）	
／　（　　）		／　（　　）	
／　（　　）		／　（　　）	
／　（　　）		／　（　　）	
／　（　　）		／　（　　）	

保育（保育所・基礎実習）実習訪問指導報告書（例）

作成日　　年　月　日

実習生	学年	年	学籍番号	《学籍番号》	氏名	《学生氏名》
実習施設名	《施設法人名》《施設名》				施設長名	《施設長名》
実習期間	《実習開始日》～《実習終了日》					
訪問日時	平成　　年　　月　　日（　）　　　：　　～　　：ㅤ					
面談相手	1．二者面談（　　　　　　　）（　　　　　　　）（　　　　　　　） 2．三者面談（　　／　　　）（　　／　　　）（　　／　　　） 3．その他　（　　／　　　／　　　／　　　／　　　）					
実習生の様子実習の状況	相談・報告を受けたこと、把握したこと					
	学生より			施設より		
指導内容						
連絡事項・特記事項等						

実習訪問指導者	《訪問指導教員》　　㊞

保育（施設・基礎実習）実習訪問指導報告書（例）

作成日　　年　月　日

実習生	学年	年	学籍番号	《学籍番号》	氏名	《学生氏名》
実習施設名	《施設法人名》 《施設名》				施設長名	《施設長名》
実習期間	《実習開始日》～《実習終了日》					
訪問日時	平成　　年　　月　　日（　）　　　：　　～　　：					
面談相手	1. 二者面談　（　　　　　　　）（　　　　　　　）（　　　　　　　） 2. 三者面談　（　　／　　　）（　　／　　）（　　／　　　） 3. その他　　（　　／　　　／　　　／　　　／　　　）					

	相談・報告を受けたこと、把握したこと	
	学生より	施設より
実習生の様子 実習の状況		
指導内容		
連絡事項・ 特記事項等		

実習訪問指導者	《訪問指導教員》　　㊞

6 実習評価

保育実習に関する評価を考えるとき、大きな2つの課題がある。ひとつは、学生の保育実習自体をどのように評価するかという課題と、もうひとつは、学生自身が自己の保育実習をどのように自己評価していくかという課題である。ここでは、まず実習評価に対する考え方を示し、次に、実習自体を保育実習そのものと保育実習指導という両面の学生の評価について示す。最後に、学生自身の保育実習の自己評価について述べていく。

1 実習評価の考え方

1 PDCAサイクルの計画実践評価のらせんモデルと入れ子構造モデル

現在、保育現場では、PDCAサイクルと呼ばれる計画→実践→評価→改善のサイクルモデルが浸透してきている。このサイクルでは、指導計画から保育実践そして評価の流れが単純に繰り返されるのではなく、評価に基づく改善が次の指導計画へとつながるらせん状のモデルとなっている。PDCAサイクルの考え方は、保育現場における保育士の職務を実現するうえでも、また保育士の専門性の向上の観点からも重要なモデルである。保育実習においても、学生自身にとっての効果的な学習を進めるためにも、また、将来学生が保育士として勤務することを念頭においても、PDCAサイクルに基づく学習モデルを学生に意識させることは重要な課題となる。

さらに、保育現場におけるPDCAサイクルは、年間計画という大きな計画の中に月や期の計画があり、その中に週の計画があり、日々の保育実践が実施され、日々のふり返りが積み重なり、週ごとのふり返り、月や期ごとのふり返りと積み重なり、年間のふり返りとつながる入れ子構造になっている。保育実習においてもその構造は同様であり、その日の実習のねらい→実習活動→実習のふり返り評価→次の日の実習のねらいへとつながり、それらのサイクルが実習全体の自己課題（実習事前指導）→保育実習→実習のふり返り評価（実習事後指導）→次の実習にむけての自己課題という流れの中に位置づけられていることを意識できるよう実習を組み立てていくべきである。

2 実習評価の目的と評価基準

1 実習評価の目的

　学習における評価は、本来、学習者自身のために行われるべきものである。たとえば、中間・期末テストはその授業を受けた学生の成績を判定することだけが目的ではなく、学習者である学生自身が自己の学習状況が十分か否か、不十分であるとすればどの部分が不十分であるかを客観的に知るための情報源としての意味合いがある。実習における評価においても、実習を実施する学生が実習評価を通して、自己の学習状況を客観的に判断し、次の自己課題を設定できるような評価とする必要がある。そのためには、①評価基準（実習目標）を明確にすること、②学生自身が事前に評価基準（実習目標）を理解し、目標達成のために自主的に活動できるようにすること、③養成校や実習施設における評価結果に学生自身がアクセスでき、それに基づき次の自己課題を明確にできるようにすることが重要である。①の評価基準（実習目標）については、厚生労働省雇用均等・児童家庭局長通知「指定保育士養成施設の指定及び運営の基準について」（平成15年12月9日雇児発1209001号）（以下、局長通知）に各保育実習および保育実習指導のねらいと内容が明記されているので、それに基づき実習施設と養成校の間で評価基準に関する共通理解を図ることが必要である。また、②についても評価基準に基づき、学生に実習の自己課題を立案させたり、実習評価票を事前に開示したりすることが考えられる。さらに、③の実習評価に対する学生自身のアクセスに関しては、養成校および実習施設の実習指導者間で十分に連携を取りつつ、評価結果を学生に開示し、養成校の実習指導者と学生がコミュニケーションを取りながら、学生が自身の現状を把握し、次の課題を考えられるような取り組みが必要である。

2 実習評価の基準

　保育実習の評価は、実習生としての学生の知識や技術、判断力等を客観的に知ることを目的とする。そのため、保育実習における評価基準はあくまでも実習生としての現時点での知識や技術、判断力を評価するものでなくてはならない。つまり、現場で保育士と比較して判断するのではなく、卒業して実際に保育士資格を取得するまでの保育実習全体の流れの中で、現時点での学生の力量——何ができていて、何ができていないか、今後の課題は何かなど——を測る評価基準となっていることが望ましい。

2 保育実習の評価

　従来、保育実習の単位には保育実習指導が含まれており、単位認定をする際に実習施設における評価と養成校における実習事前・事後指導における評価を総合して実習評価を行うことが多かった。しかしながら、現在は保育実習と保育実習指導は単位として明確に分けられている。このことは、保育実習指導の内容と位置づけが明確になった点で評価できるが、実習に対する単位認定に実習施設の評価をどこまで重みづけるかが課題となる。ここでは、保育実習の評価における実習施設の評価と養成校の評価について示していく。さらに、実習評価票について述べていく。

1 実習施設における評価

　実習施設における評価では、基本的に指導担当職員による評価が実施され、その評価を基に施設長が総合的に判断するという形態がとられている。実習方針の確認→実習前半→中間評価→実習後半→最終評価→実習反省という評価手順が提示されていた。

　まず、ここで重要になるのは「実習方針の確認」である。「実習方針の確認」では、実習施設と養成校および学生自身の保育実習に対する方針や目標に応じて実習における活動が決定されていくことになる。その際、先にも述べたように局長通知を基本としながら実習方針について共通理解をもてるような取り組みが必要となる。そのためには、養成校における全体的な保育実習の指導計画やその中での当該実習の位置づけ、学生自身の自己課題などを明示していく取り組みが重要である。また、実習事前オリエンテーションなどを通して、実習施設と学生間で再度実習方針の確認を行うことも大切である。

　次に、実習の半ばでの「中間評価」では、指導担当職員がこの時点での学生の状況を評価し、学生自身が後半の自己課題を明確にできるようにすることが望まれる。このとき、実習訪問指導などを通して、養成校においても評価結果を共有できるように努めるべきである。

　最後に「最終評価」では、指導担当職員による評価をふまえて、施設長により最終的な総合評価が行われることとなる。その結果に基づき、実習施設における「実習反省」を通して学生が実習に対する自己評価ができるように取り組みが行われ、学生自身の現状の把握と次の実習に向けての自己課題の明確化ができることが望まれる。

表 II-S2-23 成績評価の配分基準（例）

教科目名	評価対象		評価配分
保育実習 I （保育所等）	実習自己課題	学生の自己課題の設定および準備	10%
	中間ふり返り	養成校の実習指導担当者による学生の実習に対する取り組みに対する評価	10%
	実習状況	遅刻早退などの状況、提出物の提出状況	10%
	実習日誌		20%
	実習施設による評価		40%
	実習報告	実習レポート、反省会での報告	10%

2 養成校における評価

　先に述べたように現在、保育実習と保育実習指導は明確に分けられており、保育実習そのものの成績評価において実習施設の評価の比重はかなり大きくなることは予想できる。しかしながら、単位認定としての決定権および責任は養成校にある。そのため最終的な単位認定としての評価は実習施設の評価を基本としつつも、養成校で最終的に成績評価すべきである。ただしその際、成績評価の配分の基準を明確にし、養成校や学生に対して明示することが望ましい。表 II-S2-23 では成績評価の配分基準の一例を示す。

3 実習評価票

1 実習評価票の形式

　実習評価票の基本的な記入事項には以下のものが考えられる。

○実習種別（タイトル）
○養成校名
○実習生の学年、学籍番号、氏名
○実習施設名
○施設長名・印、指導担当保育士（職員）名・印
○実習期間
○出勤状況（出勤、欠勤、遅刻、早退の回数）

○評価項目
○総合評価
○総合所見
○養成校側の確認欄（実習指導者署名欄）

　評価票の構成としては「態度」と「知識・技術」の2大項目とした。「態度」には「意欲・積極性」「責任感」「探求心」「協調性」の4下位項目を設けた。また、「態度」に関しては、保育実習Ⅰ（保育所等）、保育実習Ⅰ（施設）、保育実習Ⅱ、保育実習Ⅲのすべての保育実習で共通とした。さらに、実習施設の指導担当者や学生自身と評価の観点について共通理解を図れるように評価上の観点を記入した。

　次に「知識・技術」の項目に関しては、局長通知の「教科目の授業内容」を基に、保育実習Ⅰ（保育所等）、保育実習Ⅰ（施設）、保育実習Ⅱ、保育実習Ⅲごとに評価内容と評価上の観点を記入した。

　「第1の2．実習評価の目的と評価基準」で述べたように、実習評価はその時点での実習生としての知識や技術、判断力を評価し、今後の課題を発見するために行うものである。そのため、実習評価票も「実習生として非常に優れている」～「実習生として努力を要する」という4段階評定とした。保育実習Ⅰ（保育所等）、保育実習Ⅰ（施設）、保育実習Ⅱ、保育実習Ⅲの評価票の例を以下に示す。

保育実習Ⅰ（保育所等）評価票（例）

実 習 施 設 名	施 設 長 名	実習指導担当保育士名
	印	印

実習生	学年　　　　クラス	学籍番号		氏　　名	

実習期間	年　　　月　　　日（　　）〜　　　年　　　月　　　日（　　　）				
勤務状況	出勤日　　　　　日	欠勤日数　　　　日	遅刻数　　　　回	早退数　　　　回	

項目	評価の内容	評価上の観点	評　価（該当するものの□にチェック）			
			A	B	C	D
態度	意欲・積極性	・指導担当者からの指示を待つばかりでなく、自分から行動している。 ・積極的に子どもとかかわろうとしている。　など	□	□	□	□
	責任感	・十分な時間的余裕を持って勤務開始できるようにしている。 ・報告・連絡・相談を必要に応じて適切に行っている。　など	□	□	□	□
	探究心	・日々の取り組みの中で、適切な援助の方法を理解しようとしている。 ・日々の取り組みの中で、自己課題を持って実習に臨んでいる。　など	□	□	□	□
	協調性	・自分勝手な判断に陥らないように努めている。 ・判断に迷うときには、指導担当者に助言を求めている。　など	□	□	□	□
知識・技術	保育所等の役割と機能	・保育所等における子どもの生活と保育士の援助や関わりについて理解できている。	□	□	□	□
		・保育所保育指針に基づく保育の展開について理解できている。	□	□	□	□
	子どもの理解	・子どもとの関わりを通した観察と記録作成による具体的な子ども理解ができている。	□	□	□	□
		・子どもの発達過程について具体的な理解ができている。	□	□	□	□
		・子どもへの積極的な関わりや具体的な援助ができている。	□	□	□	□
	保育内容・保育環境	・保育の計画に基づいた保育内容の実際について理解できている。	□	□	□	□
		・子どもの発達過程に応じた保育内容の実際について理解できている。	□	□	□	□
		・子どもの生活や遊びと実際の保育環境の関連性について理解できている。	□	□	□	□
		・実際の子どもの健康管理や安全対策について理解できている。	□	□	□	□
	保育の計画、観察、記録	・全体的な計画と指導計画及び評価の関連について理解できている。	□	□	□	□
		・記録に基づく省察と自己評価ができている。	□	□	□	□
	専門職としての保育士の役割と職業倫理	・専門職としての保育士の業務内容について具体的に理解できている。	□	□	□	□
		・職員間の役割分担や連携・協働について具体的に理解できている。	□	□	□	□
		・専門職としての保育士の役割と職業倫理について具体的に理解できている。	□	□	□	□

総合所見	（できていたこと、今後課題になること）	総合評価（該当するものに○）	実習生として A：非常に優れている B：優れている C：適切である D：努力を要する
			※大学側評価欄 実習指導者氏名 　　　　　　　印

記入要項

1. 評価基準は以下の通りです。

A：実習生として非常に優れている　B：実習生として優れている　C：実習生として適切である　D：実習生として努力を要する

総合所見では、実習を通して学生ができていた点、今後の課題となる点などを記入してください。

保育実習Ⅰ（施設）評価票（例）

実　習　施　設　名	施　設　長　名	実習指導担当保育士名
	印	印

実習生	学年　　　　クラス	学籍番号		氏　　名	

実習期間	年　　　月　　　日（　　）～　　　年　　　月　　　日（　　　）

勤務状況	出勤日	日	欠勤日数	日	遅刻数	回	早退数	回

項目	評価の内容	評価上の観点	評価（該当するものの□にチェック）			
			A	B	C	D
態度	意欲・積極性	・指導担当者からの指示を待つばかりでなく、自分から行動している。 ・積極的に子ども・利用者とかかわろうとしている。　など	□	□	□	□
	責任感	・十分な時間的余裕を持って勤務開始できるようにしている。 ・報告・連絡・相談を必要に応じて適切に行っている。　など	□	□	□	□
	探究心	・日々の取り組みの中で、適切な援助の方法を理解しようとしている。 ・日々の取り組みの中で、自己課題を持って実習に臨んでいる。　など	□	□	□	□
	協調性	・自分勝手な判断に陥らないように努めている。 ・判断に迷うときには、指導担当者に助言を求めている。　など	□	□	□	□
知識・技術	施設の役割と機能	・施設における子ども・利用者の生活と保育士の援助や関わりについて理解できている。	□	□	□	□
		・施設の役割と機能について具体的な実践を通して理解できている。	□	□	□	□
	子ども・利用者理解	・子ども・利用者との関わりを通した観察と記録作成ができている。	□	□	□	□
		・子ども・利用者の個々の状態に応じた具体的な援助や関わりができている。	□	□	□	□
	施設における子どもの生活と環境	・計画に基づいた活動や援助ができている。	□	□	□	□
		・子ども・利用者の心身の状態に応じた対応ができている。	□	□	□	□
		・子ども・利用者の活動と生活の環境について理解できている。	□	□	□	□
		・実際の子ども・利用者の健康管理や安全対策について理解できている。	□	□	□	□
	計画と記録	・実際の支援計画の活用について理解できている。	□	□	□	□
		・記録に基づく省察と自己評価ができている。	□	□	□	□
	専門職としての保育士の役割と職業倫理	・専門職としての保育士の業務内容について具体的に理解できている。	□	□	□	□
		・職員間の役割分担や連携・協働について具体的に理解できている。	□	□	□	□
		・専門職としての保育士の役割と職業倫理について具体的に理解できている。	□	□	□	□

総合所見	（できていたこと、今後課題になること）	総合評価（該当するものに○）	実習生として A：非常に優れている B：優れている C：適切である D：努力を要する
			※大学側評価欄 実習指導者氏名 　　　　　　　印

記入要項
1．評価基準は以下の通りです。
A：実習生として非常に優れている　B：実習生として優れている　C：実習生として適切である　D：実習生として努力を要する
総合所見では、実習を通して学生ができていた点、今後の課題となる点などを記入してください。

141

保育実習Ⅱ評価票（例）

実 習 施 設 名	施 設 長 名	実習指導担当保育士名
	印	印

実習生	学年　　　　クラス	学籍番号		氏　　名	

実習期間	年　　　月　　　日（　　　）～　　　年　　　月　　　日（　　　）				

勤務状況	出勤日	日	欠勤日数	日	遅刻数	回	早退数	回

項目	評価の内容	評価上の観点	評価（該当するものの□にチェック）			
			A	B	C	D
態度	意欲・積極性	・指導担当者からの指示を待つばかりでなく、自分から行動している。 ・積極的に子どもとかかわろうとしている。　など	□	□	□	□
	責任感	・十分な時間的余裕を持って勤務開始できるようにしている。 ・報告・連絡・相談を必要に応じて適切に行っている。　など	□	□	□	□
	探究心	・日々の取り組みの中で、適切な援助の方法を理解しようとしている。 ・日々の取り組みの中で、自己課題を持って実習に臨んでいる。　など	□	□	□	□
	協調性	・自分勝手な判断に陥らないように努めている。 ・判断に迷うときには、指導担当者に助言を求めている。　など	□	□	□	□
知識・技術	保育所等の役割と機能の具体的展開	・養護と教育が一体となって行われる実際の保育について理解できている。	□	□	□	□
		・保育所等の社会的役割と責任について具体的実践を通した理解ができている。	□	□	□	□
	観察に基づく保育の理解	・実際の子どもとのかかわりを通して子どもの心身の状態や活動に対する観察ができている。	□	□	□	□
		・保育士の援助や関わりに対する観察ができている。	□	□	□	□
		・実際の保育所等の生活の流れや展開について把握できている。	□	□	□	□
	子どもの保育および保護者・家庭への支援と地域社会との連携	・環境を通して行う保育、生活や遊びを通して総合的に行う保育について理解できている。	□	□	□	□
		・保護者支援および地域の子育て家庭への支援の実態について理解できている。	□	□	□	□
		・関係機関との連携の実際について理解できている。	□	□	□	□
		・地域社会との連携の実際について理解できている。	□	□	□	□
	指導計画の作成、実践、観察、記録、評価	・全体的な計画に基づく指導計画の作成・実践・省察・評価と実際の保育の過程の展開について理解できている。	□	□	□	□
		・作成した指導計画に基づく保育実践の評価ができている。	□	□	□	□
	保育士の業務と職業倫理	・多様な保育の展開と保育士の業務内容の関連性について理解できている。	□	□	□	□
		・保育士の職業倫理について具体的な実践に結びつけて理解できている。	□	□	□	□
	自己課題の明確化	・保育士を目指す者としての自己の課題を明確にすることができている。	□	□	□	□
総合所見	（できていたこと、今後課題になること）	総合評価（該当するものに○）	実習生として A：非常に優れている B：優れている C：適切である D：努力を要する			
			※大学側評価欄 実習指導者氏名 　　　　　　印			

記入要項
1. 評価基準は以下の通りです。
A：実習生として非常に優れている　B：実習生として優れている　C：実習生として適切である　D：実習生として努力を要する
総合所見では、実習を通して学生ができていた点、今後の課題となる点などを記入してください。

保育実習Ⅲ評価票（例）

実 習 施 設 名	施 設 長 名	実習指導担当保育士名
	印	印

実習生	学年　　　クラス	学籍番号		氏　名	
実習期間	年　　　月　　　日（　　　）～　　　年　　　月　　　日（　　　）				
勤務状況	出勤日　　　　日	欠勤日数　　　日	遅刻数　　　回	早退数　　　回	

項目	評価の内容	評価上の観点	評価（該当するものの□にチェック）			
			A	B	C	D
態度	意欲・積極性	・指導担当者からの指示を待つばかりでなく、自分から行動している。 ・積極的に子ども・利用者とかかわろうとしている。　など	□	□	□	□
	責任感	・十分な時間的余裕を持って勤務が開始できるようにしている。 ・報告・連絡・相談を必要に応じて適切に行っている。　など	□	□	□	□
	探究心	・日々の取り組みの中で、適切な援助の方法を理解しようとしている。 ・日々の取り組みの中で、自己課題を持って実習に臨んでいる。　など	□	□	□	□
	協調性	・自分勝手な判断に陥らないように努めている。 ・判断に迷うときには、指導担当者に助言を求めている。　など	□	□	□	□
知識・技術	児童福祉施設等の役割と機能	・当該施設の実際の役割と機能について実践を通した理解ができている。	□	□	□	□
	施設における支援の実際	・受容し、共感する態度ができている。	□	□	□	□
		・個人差や生活環境に伴う子ども・利用者のニーズの把握と子ども理解ができている。	□	□	□	□
		・個別の支援計画の作成と実践の関係性について理解できている。	□	□	□	□
		・子ども・利用者の家族への支援や対応の実態について理解できている。	□	□	□	□
		・他職種の専門職との連携・協働の実際について理解できている。	□	□	□	□
		・地域社会との連携・協働の実際について理解できている。	□	□	□	□
	保育士の多様な業務と職業倫理	・保育士の業務内容や職業倫理について具体的な実践に結びつけて理解できている。	□	□	□	□
	自己課題の明確化	・保育士を目指す者としての自己課題を明確にすることができている。	□	□	□	□

総合所見	（できていたこと、今後課題になること）	総合評価 （該当するものに○）	実習生として A：非常に優れている B：優れている C：適切である D：努力を要する
			※大学側評価欄 実習指導者氏名 　　　　　　　印

記入要項
1．評価基準は以下の通りです。
A：実習生として非常に優れている　B：実習生として優れている　C：実習生として適切である　D：実習生として努力を要する
総合所見では、実習を通して学生ができていた点、今後の課題となる点などを記入してください。

2 評価項目に対する実習体験および評価のポイント

　従来ミニマムスタンダードにおける評価票は局長通知に示されている科目の授業内容を基にして作成されていた。しかしながらその内容において、「保育所等や施設の役割と機能についての理解」のように保育士養成施設で実施される授業内で実習前に学習しておくべき項目や、「保護者・家庭への支援と地域社会との連携」および「保育士の職業倫理」のようにまだ学生である実習生にそこまで実習期間にかかわらせることはできないのではないかと感じられる項目もあった。このように、実習施設や養成校から受け止められていた背景には、保育実習は子ども・利用者に対するケアワークの実習を行うことであると考えられていたこともその一因と考えられる。保育実習は、将来保育士として勤務する可能性のある各施設での保育士の職務上必要となる知識・技術を具体的・体験的に知ることを目的としている。そのため、子ども・利用者に対するケアワークはもちろんのこと、保護者・家庭への支援や地域社会との連携等のケアワーク以外の職務やそのために必要となる職員間の連携や守秘義務など「保育士の職業倫理」等についても学ぶことが必要となる。ただし、これらの職務内容については実習生が実際に直接取り組むというよりも、各施設で勤務する保育士がどのように職務遂行を行っているかを観察やヒアリングを通して間接的に学習していくことが中心となる。保育実習Ⅰ（保育所）、保育実習Ⅰ（施設）、保育実習Ⅱ、保育実習Ⅲの知識・技術の評価内容に対応する実習体験や評価のポイントの参考例を以下に示す。

保育実習Ⅰ（保育所）の知識・技術の評価内容に対応する実習体験や評価のポイントの例

実習の評価内容		実習体験や評価のポイントの例
Ⅰ（保）1. 保育所等の役割と機能	Ⅰ（保）1-1. 保育所等における子どもの生活と保育士の援助や関わりについて理解できている。	・実際の子どもの1日の生活の流れと保育士の援助や関わりを把握する。 ・登所・降所、午前・午後の活動、食事、間食、排せつ、午睡など日課をおさえた実際の子どもの生活とその時の保育士の関わりを把握する。 ・長時間保育などを行っている場合のデイリープログラムを知る。
	Ⅰ（保）1-2. 保育所保育指針に基づく保育の展開について理解できている。	・「子どもの発達過程」、「環境を通して行う保育」、「家庭との連携」などの学びについて保育現場を通して再確認する。 ・子育て支援への実際の取り組みを知る。 　※パンフレットなどの確認、保育士へのヒアリング
Ⅰ（保）2. 子どもの理解	Ⅰ（保）2-1. 子どもとの関わりを通した観察と記録作成による具体的な子ども理解ができている。	・Ⅰ（保）1-1の項目をふまえ、実際の子どもの生活や遊び、保育士との関わりを記録し、具体的に理解する。 ・記録のふり返りを通して、子ども理解を深める。 ・記録を通して、実習指導担当保育士と学びを共有する。
	Ⅰ（保）2-2. 子どもの発達過程について具体的な理解ができている。	・乳児、3歳未満児、3歳、4歳、5歳それぞれの遊びや生活の流れの違いを理解する。 　※保育カンファレンスなどへの参加
	Ⅰ（保）2-3. 子どもへの積極的な関わりや具体的な援助ができている。	・Ⅰ（保）2-2の項目をふまえ、積極的に子どもと関わり、具体的な援助の方法を理解する。 　※保育カンファレンスなどへの参加
Ⅰ（保）3. 保育内容・保育環境	Ⅰ（保）3-1. 保育の計画に基づいた保育内容の実際について理解できている。	・Ⅰ（保）4-1の項目をふまえ、全体的な計画と指導計画における「ねらい」の関係について具体的に理解する。 　※園の全体的な計画、月案、週案などの確認
	Ⅰ（保）3-2. 子どもの発達過程に応じた保育内容の実際について理解できている。	・Ⅰ（保）2-2の項目をふまえ、発達過程に即した環境構成や援助方法について具体的に理解する。 　※発達過程に応じた援助の工夫点を保育士にヒアリング
	Ⅰ（保）3-3. 子どもの生活や遊びと実際の保育環境の関連性について理解できている。	・Ⅰ（保）2-2の項目をふまえ、子ども理解に基づく環境構成について具体的に理解する。 　※実際の保育室などの環境づくりの記録
	Ⅰ（保）3-4. 実際の子どもの健康管理や安全対策について理解できている。	・具体的な感染症等への対策や清潔の保持のための取り組みを理解する。 ・子どもが健康で安全に過ごせる環境づくりのポイントについて理解する。 ・避難訓練など危機管理対策としてどのような取り組みが行われているかを具体的に知る。 　※保健計画や避難訓練計画等の確認
Ⅰ（保）4. 保育の計画・観察・記録	Ⅰ（保）4-1. 全体的な計画と指導計画及び評価の関連について理解できている。	・実習施設で全体的な計画と指導計画（長期の指導計画と短期の指導計画）及び評価との関係を具体的に理解する。 　※園の全体的な計画、月案、週案などの確認。ふり返りの会への参加
	Ⅰ（保）4-2. 記録に基づく省察と自己評価ができている。	・学生自身が日々の記録を基に自己の活動に対して省察・自己評価をし、それを次の実習に生かす。
Ⅰ（保）5. 専門職としての保育士の役割と職業倫理	Ⅰ（保）5-1. 専門職としての保育士の業務内容について具体的に理解できている。	・保育士の1日の動きを記録し、職務内容について具体的に理解する。 ・登所・降所時の保護者とのコミュニケーション、連絡帳や園クラスだよりなど家庭との連携にかかわる職務について具体的に理解する。 　※連絡帳や園だよりなどの内容を確認
	Ⅰ（保）5-2. 職員間の役割分担や連携・協働について具体的に理解できている。	・保育士だけでなく看護師や栄養士等の他職種の職員や正規職員、パートタイマーなど様々な働き方の職員がいることを理解し、職員間でどのように連携をとっているのか具体的に知る。 ・登所から降所までの間で子どもや保護者に関する情報をどのように共有しているかを具体的に知る。 　※保育カンファレンスなどへの参加
	Ⅰ（保）5-3. 専門職としての保育士の役割と職業倫理について具体的に理解できている。	・研修など保育士としての自己研鑽のための取り組みについて知る。 ・保育実践や記録のふり返りによる省察・評価を行い、自己課題をみつけるための取り組みについて知る。 ・自己管理やホウ・レン・ソウ、保育士としての心構えを具体的に理解する。 　※保育士としての心構えについてヒアリング

※記は、可能であれば実習中に体験したい実習内容。ただし、守秘義務や学ぶ姿勢など事前に実習内容の意義と守るべき規範について伝達しておく必要がある。

保育実習Ⅰ（施設）の知識・技術の評価内容に対応する実習体験や評価のポイントの例

実習の評価内容		実習体験や評価のポイントの例
Ⅰ（施）1.施設の役割と機能	Ⅰ（施）1-1. 施設における子ども・利用者の生活と保育士の援助やかかわりについて理解できている。	・実習施設での子ども・利用者の1日の生活の流れや保育士の援助やかかわりを記録し、具体的に理解する。 ・実習施設での生活技能の習得や学習支援・職業訓練などの流れを記録する。
	Ⅰ（施）1-2. 施設の役割と機能について具体的な実践を通して理解できている。	・実習実施の種別や類型、設備や運営に関する基準などを体験を通して理解する。 ・実習施設の子ども・利用者の特徴を具体的に理解する。 ・実習施設における保育士の役割について体験を通して理解する。
Ⅰ（施）2.子ども・利用者理解	Ⅰ（施）2-1. 子ども・利用者とのかかわりを通した観察と記録作成ができている。	・Ⅰ（施）1-1の項目をふまえ、子ども・利用者とのかかわりを観察し記録する。 ・記録を通して、個々の子ども・利用者への理解を深める。 　※ケース会議などへの参加
	Ⅰ（施）2-2. 子ども・利用者の個々の状態に応じた具体的な援助やかかわりができている。	・Ⅰ（施）2-1の項目をふまえ、実習施設での自立支援の方法について具体的に理解する。 ・記録を通して、子ども・利用者とのかかわりをふり返る。 ・記録を通して、実習指導担当保育士と実習にかかわる学びを共有する。 ・記録を通して、自己課題を明確にし、次に活かす。
Ⅰ（施）3.施設における子どもの生活と環境	Ⅰ（施）3-1. 計画に基づいた活動や援助ができている。	・Ⅰ（施）2-2の項目をふまえ、実習施設における計画について具体的に理解する。 ・計画に基づく具体的な活動や援助に参加する。 ・実習施設での生活技能の習得や学習支援・職業訓練に参加する。 ・援助や活動における職員間のチームワークについて具体的に理解する。
	Ⅰ（施）3-2. 子ども・利用者の心身の状態に応じた対応ができている。	・Ⅰ（施）2-1、Ⅰ（施）2-2、Ⅰ（施）3-1の項目をふまえて、具体的な援助について考える。 ・個々の子ども・利用者の理解に基づく援助を実践する。
	Ⅰ（施）3-3. 子ども・利用者の活動と生活の環境について理解できている。	・施設内の生活環境について具体的に理解する。 ・実習施設での基本的生活習慣の自立のための取り組みについて理解する。 ・実習施設での衣食住環境の工夫点について理解する。 　※ケース会議などへの参加
	Ⅰ（施）3-4. 実際の子ども・利用者の健康管理や安全対策について理解できている。	・実習施設での感染症対策などの具体的な取り組みを知る。 ・実習施設での危機管理のための具体的な取り組みを知る。 ・実習施設での事故防止の具体的な取り組みについて理解する。 ・医療機関などとの連携の方法について具体的に知る。 　※実習施設での健康管理・安全対策のための工夫点についてヒアリング
Ⅰ（施）4.計画と記録	Ⅰ（施）4-1. 実際の支援計画の活用について理解できている。	・Ⅰ（施）2、Ⅰ（施）3の各項目をふまえ、実習施設での支援計画について具体的に理解する。 ・実習施設での計画に基づく具体的な活動や援助について理解する。 　※計画作成や反省会などへの参加
	Ⅰ（施）4-2. 記録に基づく省察と自己評価ができている。	・記録を通して自己をふり返り、自己課題を明確にし、次に生かす。
Ⅰ（施）5.専門職としての保育士の役割と職業倫理	Ⅰ（施）5-1. 専門職としての保育士の業務内容について具体的に理解できている。	・Ⅰ（施）1の各項目をふまえ、実習施設での保育士の日々の仕事内容について具体的に理解する。 　※保育士としての業務内容についてヒアリング
	Ⅰ（施）5-2. 職員間の役割分担や連携について具体的に理解できている。	・実習施設で様々な職種の職員間でどのような連携に関わる役割分担や取り組みがなされているか具体的に知る。 ・実習施設での保育士以外の職員との協働について具体的に知る。 　※ケース会議などへの参加
	Ⅰ（施）5-3. 専門職としての保育士の役割と職業倫理について具体的に理解できている。	・実習施設でのソーシャルワークとしての職務について具体的に知る。 ・要保護児童対策地域協議会、児童相談所、児童家庭支援センター、民生委員・児童委員等との連携の方法について知る。 ・子どもの最善の利益とは何か具体的に理解する。 　※保育士としての心構えについてヒアリング

※記は、可能であれば実習中に体験したい実習内容。ただし、守秘義務や学ぶ姿勢など事前に実習内容の意義と守るべき規範について伝達しておく必要がある。

保育実習Ⅱの知識・技術の評価内容に対応する実習体験や評価のポイントの例

実習の評価内容		実習体験や評価のポイントの例
Ⅱ 1. 保育所等の役割と機能の具体的展開	Ⅱ 1-1. 養護と教育が一体となって行われる実際の保育について理解できている。	・Ⅰ（保）1の各項目をふまえ、保育現場における「養護と教育の一体性」の実践について考える。
	Ⅱ 1-2. 保育所等の社会的役割と責任について具体的実践を通した理解ができている。	・Ⅰ（保）1の各項目をふまえ、子育て支援や地域の子育て支援への具体的な取り組みを知る。 ・「子どもの人権の尊重」、「地域連携」「小学校との連携」、「説明責任」「個人情報の保護」などの具体的な取り組みについて理解する。 　※パンフレットなどの確認、保育士へのヒアリング
Ⅱ 2. 観察に基づく保育理解	Ⅱ 2-1. 実際の子どもとのかかわりを通して子どもの心身の状態や活動に対する観察ができている。	・Ⅰ（保）2の各項目をふまえ、体調不良、アレルギー、特別な配慮を必要とする子どもへの対応など個々の子どもの心身の状態や活動を観察し、記録する。 　※エピソード記録、保育カンファレンスなどへのオブザーバー参加
	Ⅱ 2-2. 保育士等の援助や関わりに対する観察ができている。	・Ⅰ（保）2の各項目、Ⅱ 2-1の項目をふまえ、保育士等の個々の子どもへの対応や援助の方法を観察する。 ・行事等特別な活動における保育士等の具体的な動きを観察し、記録する。 　※エピソード記録、保育カンファレンスなどへのオブザーバー参加
	Ⅱ 2-3. 実際の保育所等の生活の流れや展開について把握できている。	・Ⅱ 2-1、Ⅱ 2-2の項目をふまえ、個々の子どもに配慮した保育所等の生活の流れや活動の展開について把握している。 　※保育カンファレンスなどへのオブザーバー参加
Ⅱ 3. 子どもの保育及び保護者・家庭への支援と地域社会との連携	Ⅱ 3-1. 環境を通して行う保育、生活や遊びを通して総合的に行う保育について理解できている。	・Ⅰ（保）3の各項目をふまえ、環境を通して行う保育、生活や遊びを通して総合的に行う保育について、保育現場の実践から具体的に考える。 ・環境構成を変えることで、遊びや生活がどのように変化するか考えてみる。
	Ⅱ 3-2. 保護者支援及び地域の保護者等への子育て支援の実態について理解できている。	・Ⅱ 1の各項目をふまえ、保護者への子育て支援としての具体的な取り組みについて理解する。 ・地域の子育て家庭の実態について具体的に理解する。 　※パンフレットなどの確認、保育士へのヒアリング 　※子育て支援事業を実施している施設の場合は、そこで1日実習を行う。
	Ⅱ 3-3. 関係機関との連携の実際について理解できている。	・Ⅱ 1の各項目をふまえ、地域の関係機関（要保護児童対策地域協議会や児童相談所、児童家庭支援センター等）との連携の方法について具体的に知る。
	Ⅱ 3-4. 地域社会との連携の実際について理解できている。	・Ⅱ 1の各項目をふまえ、地域社会や民生委員・児童委員などとの連携の方法について具体的に知る。 ・小学校との連携としての取り組みについて具体的に知る。
Ⅱ 4. 指導計画の作成・実践・観察・記録・評価	Ⅱ 4-1. 全体的な計画に基づく指導計画の作成・実践・省察・評価と実際の保育の過程の展開について理解できている。	・Ⅰ（保）4の各項目をふまえ、子どもが主体的に活動する姿を引き出す計画（環境構成や関わり）を具体的に理解する。 　※計画作成やふり返りの会などの場に参加
	Ⅱ 4-2. 作成した指導計画に基づく保育実践の評価ができている。	・PDCAサイクルにそってどのような取り組みがなされているかを知る。 　※計画作成やふり返りの会などの場に参加
Ⅱ 5. 保育士の業務と職業倫理	Ⅱ 5-1. 多様な保育の展開と保育士の業務内容の関連性について理解できている。	・Ⅰ（保）5の各項目をふまえ、子育て支援、育児相談などソーシャルワークとしての職務について具体的に知る。 　※連絡帳や園だよりなどの内容を確認、保護者とのコミュニケーションの取り方の観察、保育士の職務についてのヒアリング
	Ⅱ 5-2. 保育士の職業倫理について具体的な実践に結びつけて理解できている。	・「子どもの人権」、「子どもの最善の利益」とは何か具体的に考える。 ・現代社会における様々な保育ニーズを理解し、それに伴う保育士の職業倫理について具体的に知る。 　※保育士の職業倫理について保育士にヒアリング
Ⅱ 6. 自己課題の明確化	Ⅱ 6-1. 保育士を目指す者としての自己の課題を明確にすることができている。	・実習の自己課題とそれに対する振り返りより、次の自己課題を明確にする。 ・卒業までの学修目標をたて、そのための学修計画を考える。 　※これまでのキャリアについて保育士にヒアリング

※記は、可能であれば実習中に体験したい実習内容。ただし、守秘義務や学ぶ姿勢など事前に実習内容の意義と守るべき規範について伝達しておく必要がある。

保育実習Ⅲの知識・技術の評価内容に対応する実習体験や評価のポイントの例

実習の評価内容		実習体験や評価のポイントの例
Ⅲ 1. 児童福祉施設等の役割と機能	Ⅲ 1-1. 当該施設の実際の役割と機能について実践を通した理解ができている。	・Ⅰ（施）1の各項目をふまえ、実習実施の種別や類型、設備や運営に関する基準などを体験を通して理解を深める。 ・実習施設の子ども・利用者の特徴について理解を深める。 ・実習施設における保育士の役割について理解を深める。
Ⅲ 2. 施設における支援の実際	Ⅲ 2-1. 受容し、共感する態度ができている。	・子どもの最善の利益とは何かについて具体的に考える。 ・自己の受容と共感の態度についてふり返る。
	Ⅲ 2-2. 個人差や生活環境に伴う子ども・利用者のニーズの把握と子ども理解ができている。	・Ⅰ（施）2の各項目をふまえ、子ども・利用者の記録を通して、個々の子ども・利用者のニーズを把握する。 ・記録を通して、個々の子ども・利用者への理解を深める。 　※保育士としての業務内容についてヒアリング、ケース会議などへの参加
	Ⅲ 2-3. 個別の支援計画の作成と実践の関係性について理解できている。	・Ⅰ（施）3-1の項目をふまえ、個別の計画に基づく具体的な活動や援助に参加する。 ・実習施設での生活技能の習得や学習支援・職業訓練の計画への理解を深める。 　※保育士としての業務内容についてヒアリング、計画の作成にオブザーバー参加
	Ⅲ 2-4. 子ども・利用者の家族への支援や対応の実態について理解できている。	・Ⅰ（施）3-2、Ⅰ（施）3-3の項目をふまえ、実習施設の地域の子育て支援センターとしての役割について理解を深める。 ・子どもや利用者の家族の実態について理解を深める。 　※保育士としての業務内容についてヒアリング、ケース会議などへの参加
	Ⅲ 2-5. 他職種の専門職との連携・協働の実際について理解できている。	・Ⅰ（施）5の各項目をふまえ、実習施設で様々な職種の職員間でどのような連携に関わる役割分担や取り組みがなされているか理解を深める。 ・実習施設での保育士以外の職員との協働について理解を深める。 　※保育士としての業務内容についてヒアリング
	Ⅲ 2-6. 地域社会との連携・協働の実際について理解できている。	・Ⅰ（施）5の各項目をふまえ、実習施設でのソーシャルワークとしての職務について理解を深める。 ・要保護児童対策地域協議会、児童相談所、児童家庭支援センター、民生委員・児童委員等との連携の方法について理解を深める。 　※保育士としての業務内容についてヒアリング
Ⅲ 3. 保育士の多様な業務と職業倫理	Ⅲ 3-1. 保育士の業務内容や職業倫理について具体的な実践に結びつけて理解できている。	・Ⅰ（施）5の各項目をふまえ、実習施設での保育士の日々の仕事内容について理解を深める。 ・子どもの最善の利益とは何かについて深く考える。 　※保育士としての業務内容についてヒアリング、ケース会議などへの参加
Ⅲ 4. 自己課題の明確化	Ⅲ 4-1. 保育士を目指す者としての自己課題を明確にすることができている。	・実習の自己課題とそれに対するふり返りにより、次の自己課題を明確にする。 ・卒業までの学修目標をたて、そのための学修計画を考える。 　※これまでのキャリアについて保育士にヒアリング

※記は、可能であれば実習中に体験したい実習内容。ただし、守秘義務や学ぶ姿勢など事前に実習内容の意義と守るべき規範について伝達しておく必要がある。

3 評価票の取り扱い

先に述べたように、実習評価は学生が自己の課題を明確にし、次の実習に取り組むにあたって重要な情報源である。そのため実習評価票を学生に開示することは必要な取り組みであるが、開示にあたっては開示する旨を事前に実習施設に連絡し、実習施設と養成校の間で共通理解をもっておく必要がある。そのために、実習施設との事前の連絡時に「実習評価を開示することの意義」「実習評価項目」「実習評価基準」「学生に対して開示できない部分は別紙に記入しそれは開示しない」「開示にあたっては、単に学生が結果を知るだけでなく、事後指導等を通して学生のふり返り及び今後の課題につなげていく」などについて実習施設に説明し、そのための取り組みを実施することが望まれる。

4 保育実習指導の評価

保育実習指導は保育実習指導Ⅰ（演習 2 単位）、保育実習指導ⅡまたはⅢ（演習 1 単位）と独立した教科目として設定されている。しかしながら、保育実習Ⅰ（保育所）、保育実習Ⅰ（施設）、保育実習Ⅱ、保育実習Ⅲとそれぞれに対応する保育実習指導は関連が深い科目であることは自明であり、事前指導→実習→事後指導という流れの中でそれぞれの教科目の目標に基づく評価を行っていく必要がある。

5 学生の自己評価

1 日々の記録（日誌）に基づく自己評価（ふり返り）

❶ 全体的な保育士および学生自身の活動を理解するための記録

時系列に沿った 1 日の流れを中心に記録していく日誌がこれにあたる。1 日の保育活動のなかで子ども・利用者（以下、子ども等とする）の活動とそれに対応する保育上（または学生自身）の言葉掛けや援助の様子、環境構成を記録していくことは、指導計画のねらいや保育士の意図、その時々の状況に応じて保育士がどのようなかかわりをもったか、環境構成を行っていたか、子ども等の全体的な動きや 1 日の流れを理解するために有効な記録方法といえる。

② 個々の子ども等の理解や保育士の活動理解のための記録

エピソードの記録を主とした日誌がこれにあたる。エピソードでは、まず具体的な子ども等の行動、子ども等同士や子ども等と保育士とのかかわりを客観的に詳細に記述する。さらに、そのとき子ども等が何に関心をもっているか、どんなことに熱中しているか、新しいことに挑戦しているかなど、子ども等の内面を読み取り記録する。ただし、先の客観的な記録と内面の読み取りは明確に分けて記録することが重要である。同様に保育士の思いや意図などの読み取りも記録する。最後に、それらの記録に対して自分なりに感じたこと理解したことを記述しておく。以上のような子ども等の内面的な変化をとらえることや保育士の意図などを記録し省察することで、より深い子ども等の理解や保育士の活動理解へとつながる。

2 評価票に基づく自己評価

実習終了後に、学生自身が保育実習に対する自己課題の達成状況や評価票に即して自己評価を行うことがこれにあたる。量的評価を行うことは学生自身が客観的に自己の実習を評価することができるとともに、自分自身の実習に向かう態度や知識・技術の状況について詳細に判断していくため効果的である。例えば、先に示した実習評価票に基づいて自己評価を行うことは、各実習種別において修得すべき知識・技術が何かを自覚して実習に取り組み、その達成状況を知ることにつながる。また、実習施設からの評価が学生の自己評価よりも高い場合もあれば、低い場合もあるだろう。このとき、実習施設の評価がよかった・悪かったという単純な見方をするのではなく、それぞれの項目について詳細に検討することで学生自身が冷静に省察を行い、より正確な自己理解と次の自己課題の設定へとつながっていく。もちろんそのためには、事前指導において学生の自己課題を明確にし、実習の評価内容と評価の観点を自覚できるように実習施設からの評価票を開示し、事後指導の中でより客観的で具体的な自己評価ができるようなサポートを行うなどの取り組みをしていくことが重要となる。

第 II 部

STEP 3

発展的・先駆的事例

1 実習指導計画（前）

1 学生が具体的なイメージをもてるようにする工夫

　学生が実習に臨むにあたり、2つの具体的なイメージがもてるようにする工夫があるとよい。ひとつは「現場（子ども・利用者や施設）」であり、もうひとつは「実習の進行」である。

■現場（子ども・利用者や施設）の具体的イメージをもつ

　昨今の学生の成育歴や社会環境を考えると、入学前に子どもとかかわる経験が少ない場合が多い。保育施設以外の児童福祉施設についてはいっそう少なく、授業で初めて知るということも多い。関連する授業での紹介や説明も行ったうえで、実習に先立つ体験実習を実施することは、学生が現場を理解するにあたり有用である。全国保育士養成協議会専門委員会が2014（平成26）年度に実施した「保育実習指導の充実化に向けた調査」でも、養成校の64％が実習に先立つ体験的実習を行っている[1]。2015（平成27）年度専門委員会課題研究報告書「学生の自己成長感を保障する保育実習指導のありかたⅡ－ヒアリング調査からの検討－」でも、保育所・幼稚園・障がい児通所施設での体験的実習が、学生にとって大きな成長や変化の契機となっていることが示されている[2]。各施設において半日〜1日の体験・観察を行うものもあれば、1年次から毎週1日午前中のみボランティアに行くことを継続するものもある。各養成校のカリキュラムに応じて設定できるとよいだろう。

> 　C校では、先立つ実習はないので保育観察を行っている。ゼミと連動し全員で2週にわたって、近隣の保育園に行き、観察実習としての記録を取り、次の実習に役立て（90分1コマ分）連携および観察用の記録用紙に記録を書き下ろす。それをゼミの取り組みとしてグループ内で完成させ、次の実習指導につながるように担当者によって変わらないように統一している[3]。

---

1 全国保育士養成協議会（2015）『平成26年度専門委員会課題研究報告書　学生の自己成長感を保障する保育実習指導のあり方－保育実習指導Ⅰ・Ⅱ・Ⅲを中心に－』
2 全国保育士養成協議会（2016）『平成27年度専門委員会課題研究報告書　学生の自己成長感を保障する保育実習指導のあり方Ⅱ－ヒアリング調査からの検討－』

■実習の進行の具体的イメージをもつ

　学生が実習に主体的に取り組むためには、見通しをもつことが必要である。事前指導では実習のスケジュールは提示しているものの、学生が「自分で行うこと」ととしてとらえ難いことはしばしばある。このときに、実習を経験した上級生の報告を聴いたり情報交換を行うことで、学生にとって実習が身近なものとなり具体的に考えることや準備することが見えてくる。このような場を授業時間として設定することは、フォーマルな情報交換となる。実習先に関する情報は学生同士の口コミで伝わることもあるが、その場合は一方的・主観的な視点で語られることもあるので、授業として設定することはその抑止となるだろう。

　　I校では情報交換会として、実習を控えた下級生が上級生に不安な点を質問したり、実習を終えた上級生が実習先で経験したことを下級生に知らせたりしている。上級生から助言をもらったり、解決策を一緒に考えたりすることで、漠然とした不安を解消してから実習に臨むことができる[4]。

　　G校では実習報告会の名称を「先輩ゼミ」と呼び、4年生と3年生の混合による少人数グループによる学生同士の相互交流の場を設定している。4年生がこれまでに体験した保育実習（保育所・施設とも）の報告を行い、かつ3年生には先輩に質問や疑問点などの相談に乗りやすいような状況を設定している。4年生は、これまでの保育実習のすべての日誌を持参して、実習の詳細について伝えることができるようになる[5]。

2　実習配属時のポイント

　地域によっては養成校と施設との協議会等があり、そこで実習配属を定める場合もあるが、そのような機会がない場合は、地域の養成校の担当教員で集まり情報交換をしたり勉強会を開いたりすることや、地域の養成校と施設とで（集まれる範囲で）集まり情報交換会を開くなど交流を図ることも大切である。

　施設実習の場合は、実習を希望する施設や場所を学生に聞くことも、学生の主体的な学びにつながる。これは、地域差や養成校および施設の事情もあるので必ずしも希望どおりに配属できるわけではないが、「希望を聞く」という手順があるだけで、学生の安心につ

---

3 前掲 2，p.114
4 同上
5 前掲 2，pp.114-115

ながる。また、施設実習はグループで行くこともあるため、その場合はグループ内の人間関係についても勘案できたほうがよい。施設の実習指導担当者からは、養成校が配属について配慮しているとわかると安心して受け入れられるという意見もある。

2 保育実習Ⅰ（保育所）・Ⅱ

　学生の実習を豊かなものにするための主な取り組みや工夫は事前指導や事後指導に行うものであるが、実践に関連する事柄については実習の項目に記述する。

1 記録や指導案の記述の充実化

　学生が自らの実習を振り返る機会となったり自己成長を感じたりするために、実習体験を言語化することは大切である。記録や指導案の作成もそのひとつの手立てであり、単なる作業とならないようにしたい。しかしながら、学生が大変さや不安を感じるのも、記録や指導案の作成である。記録や指導案を作成する本来的な意味を損なわないよう、省力化する手立てを工夫している養成校もある。

> 　改訂前の日誌は、時系列で実習経過を細かく書き、最後に感想を記入する様式だった。しかし、学生の書く力が乏しくなってきたので記録を書くことの負担を減らそうとしたこと、事後指導に使えるような形式にしていきたいという理由から、エピソードを取り上げて書く様式に変更した。この変更には、エピソードを学生が落ち着いて考えながら書けるように、ご指導いただく先生方にも、その学生がどういう経過でこういう考察を出してきたのかというのを、一目で見やすくなるようにという教育上のねらいがある[6]。

> 　（1年次に近隣の保育園に行き保育観察を行っている）ゼミと連動して実習指導を行っている。個人で記録を行いグループで作業を行い、グループごとに1つの日誌を作成する。日誌は今まで見たことのない書式のため「見たことをこんな風に表現すればいい」ということを理解しながら日誌に書いていく[7]。

---

[6] 前掲2，p.39
[7] 前掲2，p.47

一般的に保育指導案は手書きで作成されることが多いが、学生の労力を減らし、よい指導案データをやりとりできるようパソコンで作成している。手書きで行う手間を省くことで、「こんなに時間をかけて書いたのに」という閉鎖的な気持ちが減少し、学生間で見本となる指導案データをやり取りすることが簡単になるのではないかということであった。上級生が作成した指導案データをもらい受け、自分なりの指導案に変えていくことで、よい指導案の書式や流れをベースにしながら、スキルの向上をはかることができると考えられる[8]。

　近年の保育現場の ICT 化も踏まえれば、パソコンを用いた文書作成も実習指導の方法のひとつになり得るという例である。この場合、データの取り扱いについては十分に注意をすることもていねいに指導する必要がある。また、指導案を自分で一から考えて作成することで、学生は多くのことに気が付き学べるものである。パソコンを用いた文書作成が単なる模倣とならないような指導も必要である。

2　保育技術の充実化

　子どもとたくさん遊ぶためには、遊びのレパートリーを増やすことも大切である。養成校に入学するまで子どもとのかかわりが少ないという、現在の学生の状況を考えると、実習指導においてその手立てを工夫することも求められる。他の授業と連携させながら行う養成校の例がいくつかある。

　表現系の教員がそれぞれの教室で待機し、学生がグループごとに教室を訪れる。学生たちは教材研究ファイルに、保育現場で使うための遊びのレパートリーを準備し、発表する。最終回は、発表会で、「手遊び」「運動遊び」などが記載されたサイコロを振って、出たものを発表する形式で行う[9]。

　関連授業で課題として出される保育技術を集めたノートがある。子どもとかかわる際に役立つ手遊び、折り紙、絵本などは学期ごとに課題として出され、収集して記録したものを提出する。それらは、実習報告会などで披露されながら、学生の十八番として定着する。実習前や、実習中に焦って手遊びを収集しなくてもよくなり、

---

8 前掲 2, p.99
9 前掲 2, p.74

卒業後も学生の財産となる[10]。

3 保育実習Ⅰ（施設）・Ⅲ

　保育実習Ⅰ（施設）と保育実習Ⅲにおいて、施設から求められるのは、施設とその施設を利用する子ども・利用者の理解である。その手立てとして、やはり事前に施設見学に行くと理解は深まりやすい。ヒアリングを実施した対象校の中で、保育実習Ⅲで児童館を選択する学生が多かったところは、保育実習に先立つ体験的実習として、1年次の見学実習時に保育所・幼稚園・児童館を訪問している。実際の見学が学生が主体的に保育実習Ⅲを選択する契機となっていると考えられる[11]。

　施設見学が難しい場合は、施設の実習指導担当者による講話を用いる方法もある。このとき、子ども・利用者・施設環境のことだけに限らず、実習生として学ぶポイントも具体的に話してもらうと、学生の理解はより深まる。また、施設の実習指導担当者からは、「養成校で話ができる機会があると学生の現状や雰囲気を施設へ持ち帰り施設内で共有できる（実習指導に活用できる）」という意見もある。養成校と実習施設との連携が欠かせないだろう。

　また、DVD等視聴覚教材を用いる場合も多いと思うが、その際は、内容や情報が現在の制度やサービスと照らし合わせ、適切なものかどうかの確認が必要である。

4 訪問指導

　訪問指導は「実習施設の指導担当職員との連携のもとに実習中の学生への指導を行う」ものであり、多くの養成校において学科全体で（実習指導担当であるなしにかかわらず）取り組んでいる現状を考えれば、実習指導担当者以外の訪問指導教員は「保育実習の教授内容や学生の学びを理解し、実習の場で適切な助言・指導を行う」ことや「実習施設への依頼や協議事項の把握」が求められている[12]。

---

[10] 前掲2，p.100
[11] 前掲2，p.107
[12] 前掲2，p.123

1 情報を共有するしくみづくり

学科でコンセンサスをもって実習指導にあたることと養成校教員の仕事の省力化を図ることを同時に達成させるために、フォーマットによる情報共有の仕組みづくりは大切である。訪問指導報告書の作成を簡便にする方法や、気になることをピックアップして一覧にし、それをもとに会議で話し合う方法、などがある。

2 訪問指導教員の設定

前述のとおり、訪問指導は全学科の教員が担当するものだが、学生の状況や施設の場所を勘案して担当者を設定することも必要である。実習指導担当者から訪問指導教員への情報提供も行いながら対応できるとよい。養成校によっては、ゼミ担当者や担任が訪問指導を行う等もあるが、学生と教員との信頼関係構築ができていることが必要である。

> 学生は訪問指導教員に各自の実習目標と課題、事前訪問報告書を持参し、事前面談を行っており、非担当教員も担当学生だけではあるが、実習場面での指導が行われていた。訪問指導の内容・課題などは訪問指導報告書の作成により担当教員へと伝えられていた[13]。

また、学生の状況に応じて柔軟に訪問指導教員を変更できるような体制であることも望ましい。

3 教員を対象とした説明

養成校には、多様な分野の教員がいることから実習指導を担当する者と担当しない者とに分かれやすいが、学生の自己成長感を保障するような実習指導とするには、学科全体で取り組むことが求められる。訪問指導を行うことで、教員も学生の成長を感じることができたり、自身の授業内容を実習と連動させる仕組みをつくったりすることができる。そのためにも、教員が保育実習や実習施設について理解する機会を設けることも大切だろう。

> 試行的ですが教員も研修として保育実習先で体験を行っています。実習は実習担当教員だけでしていればよいのではなく、その他かかわる教員も現場のことを知っておく必要があるのではないかということで、2年前から、われわれ教員も保育所、

---

13 前掲 2, p.93

施設等に行き、より理解が深まりました[14]。

5 実習評価

　実習の評価表は、実習施設からの直接の評価として返ってくる。実習評価票は、学生が自分自身の課題を把握することや得意な面を見つけだすためのツールとして有効に活用したいものである。ここでは、事後指導として評価票を用いる際の工夫を示す。

　保育実習の事後指導で、評価の開示をしている。実習園から返ってきた評価を知ることで、今後の課題を見つけ、さらに成長していくように促している。日々の授業でみられる本人の力と実習園の評価があまりにもかけ離れている場合は、面談をして学生から実習の様子を聞き、それに対してのフォローをしたり、見解を伝えたりしている[15]。

　実習ごとに学生の自己評価と実習先からの評価をもって個別面談を行っている。この面談により教員は各学生の意識や課題を把握することができ、学生の次の実習や今後の学びへの意欲化を図るようにしている。また、その折には学生に5段階評価の3が実習生として適切であることを伝えている[16]。

　いずれの例も実習評価を開示することを実習先に周知したうえで、また学生へのフォローもしながら、実習評価票を活用している。このように実習評価票を有効に活用するためには、実習先によって評価基準が異ならないようにする手立ても必要であり、本書は、そのための指標となることも目指している。

6 実習指導計画（後）

　事後指導は、学生が実習体験を客観的にとらえなおし整理することで、自らの課題をと

---

14 前掲2，p.53
15 前掲2，p.62
16 前掲2，p.91

らえたり、成長を自覚したりすることを目指す。そうすることで、今後の学習への意欲、次回の実習への意欲、保育職への意欲を高めることができる[17]。このような事後指導とするためにも、いろいろな手立てが工夫される。

実習報告会とは、実習終了後に実習を行った学生が他者に対し報告を行う場（機会）を設定し、発表会などをすることをさす。ヒアリング対象校9校すべてで何らかのかたちで実施していた。口頭発表形式、プレゼンテーション形式、ポスター発表形式とあるが、いずれも単に発表するだけではなく、学生が自信をつけたり、まとめる力を養ったりする等の、多様な力を育てるために実施している。あるいは報告書を作成するという作業を通じて、同様の効果をねらう工夫もみられる。

後期にどう事後指導を行うかを考えて始めたのが、後期15回を使って行われるOSTとそれに基づくポスターセッションによる実習報告会である。（中略）学生たちが発表に使用するポスターは、模造紙2枚程度を使用し、グループによっては漫画を描くなど、形式や表現も柔軟に、何でも良いということにしている。発表には2コマ（180分）使う。（中略）2年生の発表の聞き手として、1年生、学科専任教員、他学科教員、入学予定高校生も参加する。予め質疑応答の内容を考えるものの、立場の異なる人からの素朴な基本的な質問に対して応答することも、2年生にはよい効果がある[18]。

1日目は個々に学んだことを紙面に書き落とし、冊子にして図書館に保管する。それを後輩が閲覧可能にし、その後、年齢別に分かれ、グループ討議を実施。ここで他者との共通性、特異性を知る[19]。

3年次に保育実習3つすべてが終了することになる。そこで、年度末の3月（保育実習II・IIIの終了後）に最後の振り返り（実習事後指導）として、これまで保育実習3回の総まとめとしての「報告書」を作成するようにしている。各々の実習の事後指導としては、日誌の振り返りなどを行っているが、1回目から通しての自分の変化（成長）を自分自身で確認するために、A4で2頁の「保育実習のまとめ」を

---

17 前掲2、p.121
18 前掲2、pp.37-38
19 前掲2、p.47

書いている[20]。

　この報告会や報告書等の事後指導内容を、これから実習に臨む下級生の事前指導内容と重ねることで、下級生にとっては、これからの実習はもとより目指す将来像を身近なロールモデルから感じることができ、上級生にとっては、後輩のよい手本となるべく、他者に対してわかりやすく伝えるための試行錯誤を行うことができるようになる。このような経験を通して、実習体験の整理が可能になるといえる。

　また、このような取り組みに学科教員が参加をする仕組みを作ることで、学科全体への情報発信にもなり、どのような実習が行われたのか、そこで学生はどのように成長したのかを学科全体で共有する機会をもてるようになる。

---

20 前掲2，p.83

第III部

課題、目指す方向
（専門委員会報告を基に）

ここでは、「保育実習のミニマムスタンダード」が刊行された 2005（平成 17 年）以降に、全国保育士養成協議会専門委員会の課題研究として報告されてきた調査研究成果を基にしつつ、本書の第Ⅰ部、第Ⅱ部を受けて、養成校としての今後の課題、目指す方向性について述べていきたい。

1 保育士養成における「協働」

全国保育士養成協議会専門委員会では、ここ数年にわたり、2 年単位で全国的な調査研究（2008（平成 20）年～ 2009（平成 21）年度は養成校の卒業生を対象とした調査、2010（平成 22）年～ 2011（平成 23）年度は養成校の教員を対象とした調査、2012（平成 24）年～ 2013（平成 25）年度は養成校および保育現場（保育所、乳児院、児童養護施設、幼稚園、認定こども園）を対象とした調査、2014（平成 26）年～ 2015（平成 27）年度は保育実習指導について養成校を対象とした調査）を実施してきている。これら一連の調査研究結果を概観すると、それぞれで提起されている課題のひとつとして、「協働」というキーワードをあげることができる。

この 10 年の間にみられた保育士養成にかかわる環境の大きな変化としては、養成校の新設・増加、保育現場（特に保育所）の新設・増加、子ども・子育て支援新制度スタートに伴う幼保連携型認定こども園への移行、さらには保育士不足などがある。保育を取り巻く環境はめまぐるしく変化しており、それに伴って、保育士養成（特に、実習指導）については、様々な立場での共通認識や理解と連携、協働が必要になってきている。

以下、①養成校内での教員同士の協働、②養成校間の協働、③養成校と保育現場の協働、という 3 つの観点から、連携・協働について考えていく。

1 養成校内での教員間の「協働」

各養成校内での教員間の協働については、複数教員で担当する授業（例えば、「保育表現技術」、「保育・教職実践演習」など）において、日常的に授業の実施計画や役割分担などの打合せを行い、連携しながら授業にあたっていると考えられる。

各養成校における「保育実習」や「保育実習指導」においては、「保育実習指導」として実習事前・事後指導の授業を担当する「実習指導担当者」だけでなく、例えば訪問指導者のように、養成校に所属する教員全員が何らかの形でかかわることが多く、そのために様々な連携や協働を行う必要があり、また実際に行われている。

しかしながら、2010（平成 22）年～ 2011（平成 23）年度の専門委員会課題研究「指

定保育士養成施設教員の実態に関する調査」報告書 1 においては、実習指導にかかわる教員の現状に関する結果として、多くの教員は保育士養成に積極的にかかわろうとしているが、保育の現場や保育士養成に関連した情報や知識をもっている教員（事前事後の指導を含めた実習指導担当者）ともっていない教員（実習訪問指導のみを担当している教員）の格差があることが推察されている。養成校内における教員間の協働を進めていくうえでは、この情報や知識の差をいかに少なくできるかどうかが今後の課題になると思われる。

　2018（平成30）年4月に一部改正された「指定保育士養成施設の指定及び運営の基準について」（別紙2）「保育実習実施基準」では、実習指導における養成校内での教員の連携についても明記されており、各養成校においても対応が求められている。

第3　実習施設の選定等

　3　指定保育士養成施設の所長は、教員のうちから実習指導者を定め、実習に関する全般的な事項を担当させ、当該実習指導者は、他の教員と連携して実習指導を一体的に行うこと。また、実習施設においては、主任保育士又はこれに準ずる者を実習指導者と定めること。

　4　保育実習の実施に当たっては、保育実習の目的を達成するため、指定保育士養成施設の主たる実習指導者のみに対応を委ねることのないよう、指定保育士養成施設の主たる実習指導者は、他の教員・実習施設の主たる実習指導者等とも緊密に連携し、また、実習施設の主たる実習指導者は、当該実習施設内の他の保育士等とも緊密に連携すること。

　　　　　　　　　（下線部は2018（平成30）年4月改正部分、傍点は筆者による）

　この点に関して、養成校において行われている工夫としては、2014（平成26）年～2015（平成27）年度の専門委員会課題研究「学生の自己成長感を保障する保育実習指導のあり方」報告書において以下のような事例が紹介されている。

　エピソードを記録するように保育実習記録の改訂を学科教員全員で行った。そして、実習訪問時に改訂の説明を実習担当以外の教員も行った。この改訂と実習先への説明を通して、カリキュラムの中で実習が幹になるというような、保育者養成での実習教育の役割も全員で共有することができた 2。

---

1 社団法人　全国保育士養成協議会（2011，2012）保育士養成資料集，第54，56号
2 一般社団法人全国保育士養成協議会（2015）平成27年度専門委員会課題研究報告書『学生の自己成長感を保障する保育実習指導のあり方Ⅱ－ヒアリング調査からの検討－』pp.39-40

> 　実習指導内容をオープンにし、他授業と関連させて行う。（中略）すべての授業と、授業で出された課題、実習が関連づけられ、学年が進むにつれて、学生のスキルは自然と上がっていく。
>
> 　また年に数回開かれる合同実習報告会開催においては、複数学年の同時開講を可能にするため、他授業担当教員（非担当教員）との間で時間割調整が行われる[3]。

　実習時の訪問指導を全学科教員で実施し、その情報を共有しあう方法をとっている養成校の割合は多くなっているが[4]、さらに、カリキュラム編成や時間割を設定する際に実習／実習指導に学科教員が関与する仕組みがあると、学科内での協働はより進むと考えられる。

2 保育士養成校間における「協働」

　保育士養成における協働の形として、県やブロック単位での複数の養成校による連携・協働も行われている。例えば、県単位での連携では、愛知県、岡山県、宮城県、後述する兵庫県などが県内の養成校による協議会を組織し、実習評価票や実習日誌等の書式の統一、保育現場との実習の打合せ会などを行っている。

　また、2015（平成27）年度全国保育士養成セミナーの第7分科会において「実習指導－実習システムの再考（保育所を中心に）－」をテーマに、ブロック単位での実習指導の統一化について話題提供と討議が行われた[5]。この分科会では、ブロック単位の連携として、九州ブロックにおける評価票の統一に向けた調査、北海道ブロックにおける評価票の統一、東北ブロックにおける実習ガイドラインの作成について報告されている。

　なかでも、東北ブロックにおいては、ブロック内の養成校の保育実習指導の実態調査を基に、2013（平成25）年に「実習指導ガイドライン（東北版）」を作成し、その後何度か改訂を重ねてきている。ガイドライン作成の目的は、「現状では、実習の指導内容が県や養成校により異なることに戸惑う実習施設も多く、不明瞭なままの実習教育方針は「現場任せ」の実習を生みかねない」ことから、「東北ブロック全体として整合的根拠のある実習教育の方針を示し、組織的な拘束力がないとしても、広域的な共有化を図る方がよい」ことや「養成校での教育内容や意図を東北ブロック内で詳細かつ組織的に共有することが、

---

3 前掲2, p.100
4 一般社団法人全国保育士養成協議会（2014）平成26年度専門委員会課題研究報告書
5 一般社団法人全国保育士養成協議会（2016）平成27年度全国保育士養成セミナー報告書, pp.128-129

保育者養成の共通基盤を協働的に探り始めることにつながる」とされており[6]、養成校同士の連携・協働を深めていくためのひとつの手段として実習指導のガイドラインが作成されている。

3 養成校と保育現場との「協働」

2012（平成 24）年～ 2013（平成 25）年度の専門委員会課題研究「保育者の専門性についての調査－養成課程から現場へつながる保育者の専門性の育ちのプロセスと専門性向上のための取り組み－」においては、養成校教員と保育現場の保育士（保育所、乳児院、児童養護施設）、幼稚園教諭、保育教諭のそれぞれがとらえる専門性と評価の観点について調査を行った結果から、「『生涯発達を遂げる職としての保育者』という視点に立った養成教育」の必要性をあげている[7]。養成校と保育現場との意識にはズレ（例えば、保育現場が新任の保育者に求めている態度やスキルは、養成段階でも実習を中心に経験する内容であること）があり、相互に理解することが必要だと思っているにもかかわらず、効果的な連携や協働した保育者養成を可能にする関係が成立していないことを指摘している。そして、その改革の糸口として「実習」をとりあげ、養成校と保育現場の連携・協働について提起されている。

また、養成校と保育現場との連携・協働に関して、2014（平成 26）年～ 2015（平成 27）年度の専門委員会課題研究「学生の自己成長感を保障する保育実習指導のあり方」報告書において以下のような事例が紹介されている。

当該養成校では、実習指導の一環として学外の講師が多いことも特徴である。外部講師は、実際に保育現場にかかわっている地元の園の先生である。核となる外部講師が一人おり、その講師が他の講師のコーディネートも行う。（中略）対象教員はさらに「最後にレポートを書くが、その内容が、きちんと話を聴いて、自分の経験に照らして、聴いて考えていることがわかるレポート」と述べている。保育実習指導において、保育現場のリアリティの伝え方が指導の要となるといえるだろう[8]。

先に述べたような県単位の養成校の連携・協働の事例としては、兵庫県の活動がある。兵庫県施設保育士養成協議会では、兵庫県下の養成校と実習先である児童養護施設・乳児

---

6 利根川ら（2014）保育実習指導のガイドライン（東北版）の策定に向けて－実習指導内容に関する調査からの作成－，全国保育士養成協議会第 53 回研究大会研究発表論文集，p.211
7 一般社団法人全国保育士養成協議会（2013，2014）平成 24・25 年度専門委員会課題研究報告書
8 前掲 2，pp.74-75

院・知的障害児施設等の施設が協働し、施設で長く働き続ける保育士の養成に力を入れている。毎年実施する研究懇談会では、養成校教員と施設職員とがともに話し合いながら実習や就職に関する学生の現状等の情報の交換や共有を具体的・有効的に行えるようにしている。これは、企画段階から、養成校教員と施設職員とが協働し「よりよい人材育成」に焦点をあて議論をしていることが大きい。研究懇談会の開催年数を経ることにより、養成校と施設の連携はもとより、養成校間の連携や施設間の連携も強化され、現在は、地域全体で、施設で長く働き続ける保育士をともに養成しようという機運が高まっている。

また、2008（平成20）年〜2009（平成21）年度の専門委員会課題研究「指定保育士養成施設卒業生の卒後の動向及び業務の実態に関する調査」においては、卒業生調査結果を基に、養成校から保育現場への移行期を「のりしろ期」と呼び、この時期は双方からの支援が必要であり、養成段階（「実習」等）から、特に、初任者の時期にかけての切れ目ない連携が必要であることを提起している[9]。

この点に関して、先に紹介した兵庫県の事例では、兵庫県施設保育士養成協議会のつながりを用いて、養成校と施設の相互職員研修会も実施している。兵庫県内養成校教員・施設連盟が主催する施設初任者・中堅職員を対象とした研修会では、養成校教員が講師を務め、一方、各養成校の児童養護施設等就職内定者や就職希望者を対象とした研修会では、児童養護施設等の職員が講師を務めている。

養成校と保育現場との連携・協働については、前記以外にも様々な形があり、また実際に多くの取り組みが行われていると思われる。養成段階での「保育実習」を養成校と保育現場との連携・協働の契機として、保育現場での研修や学びにも継続していくことが重要であり、そうした取り組みが数多く行われることが望まれる。

2 保育士養成の質の向上に関する課題

2014（平成26）年〜2015（平成27）年度の専門委員会課題研究「学生の自己成長観を保障する保育実習指導のあり方」においては、保育士養成課程と近接資格（社会福祉士、介護福祉士、管理栄養士）養成課程との比較を行っている[10]。

従前から指摘されてきていることではあるが、同じ厚生労働省管轄の資格の中で、保育士養成課程は、独自性をもとに各校や教員の裁量が大きいという利点がある一方で、教員

---

9 一般社団法人全国保育士養成協議会（2009, 2010）保育士養成資料集　第50, 52号
10 一般社団法人全国保育士養成協議会（2015）平成26年度専門委員会課題研究報告書, pp.8-24

資格等が曖昧（特に、幼稚園教諭免許状をはじめとする教職課程の文部科学省による教員審査との比較）であるが故に、養成や教員の質が担保されていないという批判もある。

　全国保育士養成協議会では、近年、養成校および養成校の教員の質の担保・向上のために、養成校、教員の認定・評価システムの構築を目指した取り組み（例えば、養成校の自己評価と公表、全国保育士養成協議会によるルーティーン調査）の検討を始めている。そして、こうした養成校、教員の認定・評価システムのひとつとして、「保育実習指導担当者の認定・評価」システムについても、他の隣接する資格（社会福祉士、介護福祉士）と同様な仕組みに近づけていくように、検討を始める時期に来ていると思われる。

　例えば、社会福祉士における実習指導担当者は、養成校側では、養成校教員で養成に係る実習／演習の指導に5年以上の経験、もしくは5年の実務経験、もしくは講習会の受講が求められており、また実習先施設の指導者も、3年以上の実務経験があり、講習会の受講が義務化されている。

　保育士養成における実習指導者の認定・評価システムの実現に向けては、今後の検討を要するところではあるが、職能団体を中心に、保育現場向けの実習指導担当者の研修がすでに行われている。例えば、日本保育協会では、3日間にわたる「保育所等実習指導研修会」を毎年実施しており、また増田らによる「保育所実習指導ガイドライン」による実習指導者の研修も全国で行われ始めている[11]。

　さらに、2017（平成29）年度より始まった「保育士のキャリアパス」に関するキャリアアップ研修においては、8つの研修分野のひとつ「マネジメント」の「人材育成」の研修項目例として「保育実習への対応」が挙げられており、保育士の研修制度の一部として「保育実習」に関する研修が行われている[12]。

　保育士養成の質の向上に向けて、上述したように、隣接の資格と同様に法令に規定される制度として認定・評価システムを構築していくことも必要なことであると思われる。ただ、そもそも養成校や養成校の教員は、自ら能動的に学ぶ存在として、養成課程や教員自身の資質向上を目指すのが望ましい姿であると考えられ、この姿勢は、平成28年度全国保育士養成セミナーにおける大会テーマ「保育士養成のアフォーダンス」[13]としても明

---

11 増田ら（2017）保育現場における実習指導者のための研修プログラム〜養成校と保育現場とが協働する保育実習に向けて〜，日本保育者養成教育学会第1回研究大会プログラム・抄録集，pp.110
12 保育士のキャリアパスに係る研修体系等の構築に関する調査研究協力者会議（2016）調査研究協力者会議における議論の最終取りまとめ〜保育士のキャリアパスに係る研修体系等の構築について〜，http://www.mhlw.go.jp/file/06-Seisakujouhou-11900000-Koyoukintoujidoukateikyoku/0000154094.pdf
13 平成28年度全国保育士養成セミナー　全国保育士養成協議会第55回研究大会実施要綱

確に示されている。法令や制度の成立を待つのではなく、養成校や養成校自身、またその集合体である全国保育士養成協議会として能動的に取り組み始めることが必要であろう。

　最後に、全国保育士養成協議会として、改訂されたこのミニマムスタンダードを基にした保育実習や実習指導に関する研修会を実施していくこと、またそれに加えて、それぞれの養成校内や、養成校同士や養成校教員同士による保育実習・実習指導に関する学習会等を開催していくこと、さらには養成校としての学びの中に、保育現場の方々にも一緒に参加してもらうことで、連携・協働を深めながら、お互いに保育実習指導のあり方について検討していくことが望まれる。

　こうした研修や学習会が行われることにより、このミニマムスタンダードに示されている実習の内容および実習指導の内容を、実際の実習や実習指導の実態に合うように、また質の向上を目指す形で改訂していきながら、養成校として、また養成校教員としての質の向上を目指した継続的な学びが行われることを期待している。

第IV部

養成校への期待、連携

保育所から

1 保育所の実際

1 求められているものと実際

　保育所等1についての施設の概要や実習のねらい等に関しては、第Ⅱ部および第Ⅲ部にて詳細に述べられている。

　保育所は児童福祉法に基づき、"保育を必要"とする子どもの保育を行う児童福祉施設であり、入所する子どもの「最善の利益」を考慮し、その福祉を積極的に増進することに「最もふさわしい生活の場」でなければならないという役割を担うことが課せられている。

　もちろん、子どもの健全な心身の発達保障と同時に、保護者の就労支援のみならず、保護者の子育て支援、地域の子育て支援を担うという役割も自覚し実践している。

　この"保育を必要"とする部分が、現場に求められている保育の実際に大きく影響しており、子ども・子育て支援新制度の施行から保育時間の認定が加わったことで、入所のポイント制等これまでの在所児の構成が若干複雑になっていることも否めない。もちろん都市部と地方ではその需給バランスや役割に差異があることは当然のことだが、保護者のニーズが拡散し、多岐にわたったものとなっている事実がある。

　つまり、これまでのように、児童福祉施設としての就労支援や育児支援へのニーズとともに、より高い子どもの集団生活体験へのニーズ、子育て家庭にとっての家族構築支援を求めるニーズということで、保育所等の役割の深化拡大につながっている。

　例えば、両親ともにフルタイムで就労する保護者、育児休暇明けで就労する保護者、または休職中、きょうだい児の入所希望はこれまでの保育所等の姿であるが、短時間認定ができたことで、週に2〜3日の就労やパートや受講であっても入所できることになり、保護者にとっては選択肢が広がった。そのため、短時間入所の子どもを含めて定員が満たされ、保育士の配置基準に則った運営となり、仮にその後フルタイムでの就労による入所

---

1 保育実習Ⅱの実習施設である「保育所または幼保連携型認定こども園あるいは小規模保育A・B型および事業所内保育事業」の総称として、ここでは保育所等と表記する。または、小規模保育事業や事業所内保育事業など、多様な保育事業を含めるものとして、ここでは保育所等と表記する。

希望やきょうだい児の申し込みがあっても、希望どおり受け付けることができない保育所等の事情に沿った受け入れ状態が続いている。結果的に待機児、未入所児が多くなるという現実も生み出している。これまでなら、一時保育による受け入れは、週3日利用していた保護者も、その要件で1週間フルに8時間利用できるという状況となることから短時間認定での入所を求める風潮もあり、現場の葛藤もある。求められる機能や役割が広がったということは、当然そのニーズに応える機能も併せもつということで、ますます保育士の力量が問われるようになった。

それだけに保育士の役割も、倫理観に裏づけられた専門的知識、技術、および判断をもって子どもの保育と保護者の保育に関する指導と専門性の向上に絶えず努めるというように、とその役割が保育所保育指針に明記されているが、これまで以上にその専門性や質の向上が問われるようになってきた。

2 実習の在り方の現実として

「1　求められているものと実際」で述べたように、社会的背景の変化や制度により、保育所等および保育士の役割は多岐にわたり、拡大してきた。実習は、その保育現場で、これまでの座学で学んだ理論がどのように実践されているのかを学び取ることが実習であり、基本的な実践に絞った実習が本来の姿だからこそ、保育実習Ⅰ、保育実習Ⅱ、保育実習Ⅲとそれぞれのねらいが活きてくる。

しかし、現実はわずかな期間でそのすべてを体験し会得することは簡単なことではなく、ともすれば子どもの成長発達に寄り添うことへの学びよりも、子どもたちの表面上の発達や保育業務の一端を垣間見ることで実習期間を終えることになる。

第Ⅱ部で解説された実習の意味等を反映した実践的な実習にするためには、実習生がその意義を理解したうえで、自分自身の課題をもって参加することが望ましい。ただ、保育実習Ⅰ（保育所）に関してはおそらく初めての実習ということで、緊張感や不安が先行し、「子どもの中に入って一緒に遊んでね」、「自分から子どもたちに話しかけてね」と言われる一方で「子どもの姿をしっかり把握してください」、「よく観察して、子どもの遊びを邪魔しないように」と指導を受けることもあり、混乱してしまうという現実もあるのではないだろうか。

実際に保育所等では、年間に平均8〜10人ほどの実習受け入れが行われ、学校も学年も専攻も違う実習生を受け入れており、そのほか、小・中学校、高等学校などの体験学習、ボランティア学習等、それぞれのねらいに沿っての指導もかなり煩雑になっている。

大切に後輩を育成したいという思いはあるのだが、十分な指導に反映されていない場合も多々見受けられる。だからこそ、養成校の横のつながりと受け入れ保育所等の側の実習のねらいの認識が欠かせない。

　実習生の活動内容は、清掃に始まり、生活や遊びの中で子どもを支える、給食や午睡補助、動植物の世話、その他環境整備や行事準備手伝い等多岐にわたる。各施設での振り返りの時間や方法もまちまちである。さらに、各養成校によっても、設定、部分、一部等、保育の内容や形態、実習の内容についての呼び方、時間も統一されておらず、受け入れの学生に応じての対応も難しい実態がある。

　さらに実習日誌や指導計画、日案の書式も養成校により異なるため、同時期に複数の養成校からの実習生を受け入れる場合には、現場の戸惑いもあるのが現実である。

3　実習生への期待そして養成校と保育所等をつなぐには

　A市の47施設に実習生の受け入れに対して簡単な調査を実施したところ、受け入れに対してその方法に戸惑いを感じる感想が多く聞かれた。

　どの施設も、保育実習Ⅰ（保育所）では、現場体験の中から子どもとかかわる喜びを感じ、課題を見つけてほしいと願い、保育実習Ⅱではさらに実習生自身の体験から理論的な学びと実践を結びつけてほしいと指導に当たっている。

　ところが、実習前の打ち合わせで園の概要や子どもたちの様子等を知らせ、そのうえで課題に沿った実習となるようにクラスの配置を決めるものの、複数クラスに入ることで、緊張がほぐれないままに次々と年齢が変わり、発達が思うようにつかめないまま終了するといったことも少なくない。

　さらに実習日誌の記入や設定保育の準備に時間をとられて、本来の子どもとのかかわりや観察がおろそかになってしまう実態もある。毎日の振り返りの会で生き生きと子どもの姿を語り合える実習もあるが、明らかに負担感をもち、子どもとのかかわりよりも雑事に追われてしまう実習も多々見受けられるという。

　さらに、養成校教員の訪問指導の際、実習生を含めて取り組み内容や実習に向かう姿勢等の話し合いができる場合はその後の学生も積極的で能動的な取り組みとなるが、そうでない場合は学生も心情を吐露する機会に恵まれず、受け身の実習になりがちである。

　それらをふまえ養成校と施設側に望むことは次のとおりである。

養成校へ

① 事前学習をより具体的に、課題意識をもてるように充実させる。

② 現場との協働で育成を図れるよう訪問指導を効果的にする。

③ 実習指導担当者の施設理解を深め、現場経験がない場合は保育士体験をする。

④ 実習日誌や指導計画の書式を整理し簡潔におさえられる工夫をする。

⑤ 乳幼児理解の基本となる発達理解を丁寧にしたうえで実習に臨めるようにする。

保育所等へ

① 保育実習Ⅰ（保育所）、保育実習Ⅱのねらいをそれぞれに把握し、見合った実習になるよう配慮する。

② 実習指導担当者を設定し、担任の違いによる指導のばらつきや混乱を防ぐ。

③ 訪問指導やふり返りの会（反省会）を活かし、施設の園内研修とつながる工夫をする。

④ 日誌への指導等は翌日に活かせるよう、先延ばしにしない。

⑤ 保育者育てをしているという自覚をもって的確に指導する。

　そのためにも、養成校と現場での理解促進のための定期的な懇談会や共同での研究会参加、実習指導者研修の充実が求められると考える。

4　まとめとして "つなぐ" から "ともに" へ

　前述のように、保育現場に求められているものは多くなり、その中でも専門性が求められている。しかし、改めて「専門性とは」「質とは」と投げかけられたとき、どんなベテランであっても一言で返せるものではない。子どもたち一人一人に保護者を加えた背景があり、それぞれの育ちのステップが存在する。あのときはこうする、この事例はあのときと類似しているといった経験値が時にはその育ちにバイアスをかけることもあり、「経験という檻に囚われないように」（山﨑美貴子談）することが大切である。

　しかし、保育の本質をシンプルに整理すると、子どもの育ちを真ん中において多方向からその子どもをとらえ、心身の発達をサポートすること。PDCAで展開するその中心には子どもの育ちや状況があるのだと考えること。子どもの最善の利益は子どもの興味関心がどこにあるのかをとらえることだとすれば、保育者に求められるのは感性豊かで柔軟な思考ができることと、子ども理解の理論構築となる。

初めて一歩踏み出しそうな０歳児の姿に、ともすれば歓声を上げそうになるところを、子どもが驚かないように、担任同士がアイコンタクトで、「こっちにおいで○○ちゃん！」と呼びかけ、その一歩を保育所等の職員全員で喜んだり、あともう少しでできる逆上がりに挑戦している５歳児の前では、何気なく踏み板を用意したり、お花を摘んだら手が紫になったことで不思議さに気づいた４歳児を色水遊びに誘ったり、びりびりとちぎる感触を喜ぶ２歳児に新聞紙を豊富に準備したりと、その保育士の行為一つ一つに意味があり、環境構成に意味があり、遊びこむことの楽しさに意味があるということを、保育士と一緒に実習で味わって欲しい。

　だからこそ、養成校から託された実習生を、ただ単に、年間数名を預かる存在としての施設ではなく、実習は何のため、誰のためかという基本を、養成と育成のそれぞれが明確な立ち位置で理解することで、"保育者育て"になるのではないかと考える。"ともに"という姿勢での保育士養成をこのミニマムスタンダードの中で共通理解としたい。

2 児童養護施設から

1 はじめに－社会的養護における養育の「小規模化」に対応する人材育成、保育士養成校と施設の新たな協働をめざして－

　全国保育士養成協議会「保育実習指導のミニマムスタンダード」編集において社会的養護にかかわる児童福祉施設（児童養護施設、乳児院等）にお声掛けいただいたことに感謝したい。貴書が 2007（平成 19）年初版されてから 10 年、この間、実習の受け皿である「社会的養護にかかわる児童福祉施設」には大きな制度改革がなされた。2011（平成 23）年 7 月「社会的養護の課題と将来像」（児童養護施設等の社会的養護に関する検討委員会・社会保障審議会児童部会社会的養護専門委員会）において「社会的養護が必要な子どもを、できる限り家庭的な環境で、安定した人間関係の下で育てることができるよう、家庭的養護を強力に推進」することが国の施策となり、ケア単位の小規模化や、地域小規模児童養護施設（施設機能の地域分散化）による家庭的養護の推進が求められることとなった。すでにケア単位の小規模化等、家庭的養護の推進に取組んでいた施設もあるいっぽう定員100 人以上の大舎制の施設もあり、国の施策に施設側に困惑が生じたのは事実である。

2 小規模化における人材育成の課題と取り組み

　さて、上記の施策推進の中で、施設が大きな課題を感じたのは人材育成であった。ケア単位を「小規模ケア」にした場合、乳児院・児童養護施設においては、現行の職員配置基準では、小規模グループを 1 人の職員がケアする時間帯が増加することや、経験 3 年未満の職員が初任職員の指導、援助にあたらなければならないことも予想された。このことは、養育機能や、専門性の担保、向上に影響が生じることを懸念させた。

　全国乳児福祉協議会においては、「子どもの最善の利益を守るために、乳児院の養育機能や、専門性を発揮するという基本が、小規模化、家庭的養護を実施するうえでも損なわれることなく向上できる方法が論議される中、小規模化における人材育成の重要性が語られた」（平成 27 年 3 月乳児院の研修体系－小規模化にも対応するための人材育成指針－より）。この動きは、全国児童養護施設協議会においても同様である。現在、両協議会においては「研修体系－小規模化にも対応するための人材育成の指針－」をもとに人材育成

の研修が組み立てられている。

協議会が作成した研修体系の特徴は、学ぶべき知識や技術が9領域で示されている。

この領域には「子どもの権利擁護」「チームアプローチと小規模ケア」「里親支援」等、養育の軸は権利擁護であること、育ちや日々の暮らしをチームで支えること、家庭養護である里親支援に施設の専門性を活かすことなど、社会的養護を担う施設の特徴的な項目が提示されている。もうひとつの特徴は9領域が、5つのレベルで構成され段階をおった研修の目標が提示されていることである。何よりも特筆すべきことはレベル1として実習生に対する学びの目標が明確化されたことである。

3 養成校と実習施設との連携

子どもの貧困が7人に1人という、日本の子どもたちがおかれている現状は周知のとおりである。育ちゆく子どもたちの権利を擁護し、本来子どもたちの暮らしや育ちを守るために、大人であるわたしたちは何をなすべきかという原点を学んでほしい。そんな思いをもって社会的養護にかかわる施設は、実習生を迎えている。しかし大半の実習生は10日間という短い期間で実習を終える。この10日間という期間を活かすために養成校と実習施設との強い連携が、今必要とされている。2年間の教育期間の間、学生はたくさんのことを学ばねばならず「忙しい」のが現状である。有効な10日間であるためには養成校だけに事前学習を求めるのではなく、施設も事前学習において創意工夫をこれまで以上に努力する必要がある。全国乳児福祉協議会作成のDVD「生まれてきたことを一緒に喜ぶ乳児院　笑顔で働く理由」、冊子「乳児院養育指針」等を活用いただけるよう養成校にアピールすることや、実習施設は研修体系をもとに実際の体験と知識が結びつくためのカリキュラムを独自に立て実習に組み入れる等の工夫が望まれる。

しかし、実習生の事前学習の充実に至る前に、まだ解決されていない課題がある。

送り出す養成校と、受け入れる実習施設との相互理解である。わたしたち施設は、現在学生たちが、どのようなカリキュラムで学んでいるのか熟知しているだろうか、養成校の指導教官は、社会的養護にかかわる施設のことを熟知しているだろうか。残念ながら実習生の多くは「施設は暗いところ」という認識をもって実習に臨む。そして、実習の終わりには「施設は明るくて家庭的でした」という感想をもって10日間を終える。ここからがスタートとしてとらえれば、事後指導を大きく位置づけることで相互理解が進む可能性を感じる。

学生を育てる養成校、実習施設の大人たちが「正確な現状把握」のもとに学生に情報を

伝える。こんな当たり前の役割を改めて考えてみたい。

4 社会的養護にかかる子どもたち

　養成校や実習施設が実習生を「育ちゆく人」としてとらえ支援するのと同じように、社会的養護にかかる子どもたちも、同じく「育ちゆく人」として、その育ちを支えられている。本来人間が進化の中で獲得してきた「発達の道筋」は、人間がみんなもっている生きる力である。実習生の前にある難しいと感じる子どもの姿は、在胎時期からのここに至るまでの経験で色々な感性がくっついているだけであって、実習生であるあなたと同じ「自分の道筋をもったひとりの人間」という人間理解の視点で子どもたちをみつめると、実に愛おしい存在なのである。実習生に子どもたちを見る視点としてぜひ伝えておきたいことのひとつである。

　また、社会的養護における子育ては、シンプルなことの積み重ねである。子どもを「育ちゆく人」として権利擁護を軸に「あたりまえのことがあたりまえに営まれる」ことを大切に日々の暮らしを積み重ねていく。その支援者の中心にいるのが保育士であり、核に位置する子どもと保育士を取り巻き支えていくのが、心理職・家庭支援専門支援相談員・栄養士・看護師等の専門職である。保育士は子育てにかかわる中、孤軍奮闘するのではなく、施設養護であるからこそ多くの専門職とチームを組み、子どもたちの育ちを支えることができるのである。子ども時代を「あたりまえのことがあたりまえに営まれる」日々を過ごすことで、子どもたちは自らの力で、生きる力や、自己の尊厳を取り戻していくことも、実習生にぜひ伝えておきたいことである。

5 保育実習指導のミニマムスタンダードが活用されるために

　若者が離職する要因を語られる際、3年目の壁という言葉を耳にする。離職の理由として、自分のイメージと違ったことや、仕事に希望を見いだせなくなったこと、職場の人間関係につまったことが、賃金の安さよりも上位を占めている。協議会の研修体系では3年目は、まだ初任者の段階であり基本的な事項を学ぶ時期である。本来、「期待や夢多きとき」なのである。社会的養護にかかわる施設が抱える施策の問題もふくめ諸々の課題が要因として考えられるが、それにしても夢や希望をもって就労した若者が4年目を迎えることなく離職してしまうことは残念なことである。ここで着目したいのはイメージの違

いや、希望を見出せなくなったという点である。実習で初めて体験する施設養護への理解が 10 日間という短い期間ではあるが、正確な現状の把握と、子どもへの支援の意味がより深く、効果的に伝えることができればボタンの掛け違いは少しでも防ぐことができるのではないかと考える。小規模化や、家庭的養護促進の中で変化していく施設養護において求められる人材の育成も含め、養成校指導教官と実習施設指導者の相互理解を深めるため、全国乳児福祉協議会、全国児童養護協議会が、研修会に実習指導のテーマを取り上げることや、事前、事後学習について具体的な方策を提案する等、今後積極的な連携が展開していくことを期待する。

3 知的障がい関係施設から

1 主な障がい関係施設での実習

　知的障がい関係施設は、障がい[2]のある子どもまたは大人に対して、発達、生活、就労、その他自立に向けた必要な支援を提供する場である。支援は、措置ないし利用契約の締結に基づいて提供されており、契約書面の特別条項等において実習の受け入れなどについて記述している。このことは、利用者と施設が福祉人材の養成に関する社会的使命を果たすことについて合意して実施しているということである。

　また、知的障がい関係施設での実習をしたとしても、当該分野への就職は少数であり、大多数は、保育所保育士として第一線で活躍することが想定される。その保育所においても、保育を必要とする障がい児の受け入れが進んでいることおよび発達障がいの可能性が否めない子どもたちの存在も少なからずある現状をふまえれば、これら施設での実習は貴重な経験となることを意識して欲しい。

　入所型施設と通所型施設では、24時間の一日丸ごとの支援と昼間の活動の支援という点で大きな違いがあり、実習に入る時間帯についてもこれらに対応したものとなる。それぞれの施設の詳細は次のようになる。

1 入所型施設

1 福祉型障害児入所施設

　福祉型障害児入所施設は、障がいのある子どもが、家庭から離れて24時間365日生活する家庭のような暮らしの場でありつつ、専門的な児童の成長および発達に資する支援が提供される場である。最近では、子どもの成長および発達にとってふさわしい環境を重視して5人から10人程度の少人数で生活する小規模ユニットで構成される施設が増えている。

　この施設を利用する子どもたちの状況について公益財団法人日本知的障害福祉協会の2016（平成28）年度調査で見ると、家族側の理由として、保護者の養育力不足（31％）、

---

[2] 「障がい」は、公益財団法人日本知的障害者福祉協会が、法制度に基づく表現を除いて使用する表記である。

虐待（23％）が群を抜いており、親の離婚・死別（6％）、保護者の疾病・出産等（5％）と続いている。また、本人側の理由では、ADL・生活習慣の確立（28％）、行動上の課題改善（19％）があがっている。療育手帳による障がいの程度は、最重度・重度が47％、中軽度が45％、残りは不明となっている。データから見てもわかるとおり、多様な課題をもつ子どもを支援する場であるので、障がいについての理解や支援方法等の基礎知識を蓄えるなどの実習準備が必要である。

　施設での子どもの生活は、朝7時頃までには起きて、寝具の片づけや身支度、洗顔、歯磨き、朝食等を終える。その後は、特別支援学校等に通学する。なかには、病気等のために施設内で療養や通院をすることもあるので残留する子もいる。また、特例ではあるが、高等部を卒業しても障害者支援サービスに移行できない人が日中活動を行っている。

　通学児童・生徒は、学年によって下校時間が異なるが、14時頃から17時の間には帰ってくる。18時頃には夕食をとり、その後、入浴、余暇を過ごし、21時頃が就床となる。土日は、通学がないので、自宅へ戻る子もいれば、買い物や街への外出、散策等も行われている。

　このように日常の生活を送る中で、子どもの一人一人の発達段階と障がい特性に応じた支援が行われているので、その違いや内容について理解して実習することが基本となる。

　特に、2016（平成28）年6月3日に公布された改正児童福祉法では、理念規定が改正され、児童が権利の主体であること、児童の最善の利益が優先されること、児童の意見が尊重されることが明確化されており、子どもの言葉で表される意見に留まらず、身振り、素振り等の声なき声といわれる意向、意思にも耳を澄ませた支援についても留意することが必要である。

❷ 障害者支援施設

　障がい者の生活は、障害者の日常生活及び社会生活を総合的に支援するための法律の施行により、可能な限りその身近な場所において必要な日常生活または社会生活を営むための支援を受けられることにより地域社会において他の人々と共生することが進んでいる。障害者支援施設の利用者は、障害支援区分が4以上の方が利用することが原則（年齢、状態、地域の状況により要件が緩和される）とされ、重い障がいのある人や年齢の高い人が中心となっている。日本知的障害福祉協会の2016（平成28）年度調査では、利用者のうち障害支援区分4以上は93.3％、50歳以上が47.9％となっている。

　障害者支援施設でのサービスは、制度上では、日中活動の部分を生活介護、住まいの部分を施設入所支援と2つに分けられている。実際は、1日の連続した生活の流れの中で切れ目のない支援が行われている。利用者は、朝7時頃までには起きて、寝具の片づけや身支度、洗顔、歯磨き、朝食等を終える。その後は、9時頃から日中活動のため作業場に

移動して木工、手芸、窯業、農作業、文化・芸術活動等をはじめ、菓子箱組み立て、電子部品の組み立て等を行うところもある。昼食を挟んで午後にも午前と同様の活動や散歩などを行う場合もある。15時に休憩をとった後、自立度の違いにより、夕方まで作業を続ける方、入浴をする方などに分かれ活動する。18時頃には夕食を済ませ、その後は、それぞれに入浴や余暇をすごすことになる。

　土日は、本人の意思を尊重して、買い物や街への外出、散策、車での遠出等も行われ、長期休暇には、遊園地、温泉等への国内旅行、海外旅行にも出かけることもある。

　このように日常の生活を送る中で、一人一人の障がい特性に応じた支援が行われているので、その違いや内容について理解して実習することが基本となる。特に、障がいのある人への支援の基本となる本人の意思決定を尊重することは、事前に学習し理解することが必要である。

❷ 通所型施設

■1 児童発達支援センター

　児童発達支援センターは、子どもの障がいがはっきりするおおむね3歳頃から就学時までの利用が一般的である。日本知的障害福祉協会の2016（平成28）年度調査では、回答のあった126事業所（回収率67.0%）を利用する子どもが5679人あり、そのうち、0歳〜2歳が7.0%、3歳〜5歳が89.0%であった。また、利用時間は、お昼を挟んで6時間程度が多く、障がいの状態や年齢によって異なっている。また、多くのところが年齢および発達段階を考慮したグループ編成をしており、10人前後の子どもに3人前後の職員が配置されている。

　1日の流れは、9時半頃に登園し、午前の活動、給食、午後の活動、15時頃に降園する流れになっており、遊びや子どもが興味をもって取り組める活動に加え、専門的な療法を取り入れた活動を行っているところもある。

　大切なことは、子どもが安心して意欲的に様々な経験を積むことができる場所をつくり、障がい特性、発達段階に応じた配慮ある支援を行うことである。その基本となるのが、言葉によるコミュニケーションが育っていなかったり、人とかかわることが苦手だったり、物や行動にこだわりをみせたり等々、個性が溢れる子どもたちを理解する方法および意思疎通を図る方法等であり、これらを実習により体感することが大切である。

■2 生活介護事業所

　生活介護事業は、障害支援区分が3以上の方が利用することが原則（50歳から要件が緩和される）とされ、障がいの重い方々の日中活動の拠点である。日本知的障害福祉協会の2016（平成28）年度調査では、回答のあった1,082事業所（回収率68.6%）を利用

する者が 33,240 人あり、50 歳未満が 83.7％、50 歳以上が 16.3％、障害支援区分では、区分 6 が 27.0％、区分 5 が 27.7％、区分 4 が 28.5％、区分 3 が 14.0％となっている。

　1 日の流れは、9 時半頃には送迎バスの利用者が到着し活動が開始される。夕方 16 時頃に送迎バスにより退所するまでの間は、作業や生産活動を中心に活動している。実際、76.2％（上記調査）の事業所では生産活動の提供と工賃を支給しており、労働を意識した活動が中心となっている。

　これらの事業所においても、利用者の一人一人の状態に応じた支援が原則であり、権利の尊重、意思決定の尊重は当然のこととしている。

2 養成校と知的障がい関係施設の連携・協働

　養成校と知的障がい関係施設の関係は、養成校から保育実習指導等の依頼を受けて知的障がい関係施設が協力するという関係である。このため養成校は、施設に任せておけばよいとの意識で訪問指導が不十分だったり連絡も疎かだったりする一方で、施設では、優秀な福祉人材を育てるための良質な実習指導が行えているのかとの懸念がある。双方がこのような状況にあるとすれば、決して容認できるものではなく、新たな関係を構築することが期待される。

　知的障がい関係施設等を設置する社会福祉法人は、「地域における公益的な取り組み」を行うことが責務とされており、さらに、2017（平成 29）年 4 月から社会福祉法人制度改革の一環として実施されている「地域公益事業」により、地域における福祉の取り組みを一層推進しなければならない。一方で、養成校では、地域での社会貢献が求められている。このような機会に、障がい関係施設と養成校が新たな関係を構築するために「地域の福祉の向上」といった目的に向かって相互にもてる機能や専門性を活かして連携することも方策となるであろう。例えば、「地域の福祉の向上」を目的に連携した場合、下記の取り組みが考えられる。

（1）　知的障がい関係施設が主体となった地域の公益的な取り組みとしては、障がいのある子ども等を対象とした地域のお祭りやイベント、親を対象にしたセミナー等の開催が考えられる。企画、調整等の準備段階から職員同士、学生が協働することで顔なじみとなり、その後においてもコミュニケーションがとりやすくなる。企画内容によっては、福祉系の教員や学生だけではなく、音楽や美術等の芸術系教員から運動系の教員まで幅の広い人材が求められ、交流することができるであろうし、祭事当日の学生ボランティアの存在も重要となる。また、施設で開催される行事にも同様に参画することが必要で

あろう。

（2）　養成校が主体となった社会貢献活動には、上記の活動を福祉の街づくりといった観点からの取り組みとすることもできるし、福祉や障がいに関する公開講座やセミナーを開催する際に、企画から知的障がい関係施設の職員に参画を求めたり、講師を依頼することも考えられる。また、イベントを開催する場合には、木工やパン作りをする施設の職員や障がいのある方の技術を活用して、インストラクターとして起用することも考えられる。

（3）　「地域の福祉の向上」といった共通の基盤のうえでは、知的障がい関係施設が保育実習指導等により人材の育成に尽力することについても目的にかなった取り組みとなる。

　このような連携を通じて組織と人の結びつきが強固となり、地域機関の連帯が育ち、保育士の人材養成についても養成校の仕事に留まらず地域の我がこととして実習指導にも力が入るものと考えられる。

3 まとめ

　知的障がい関係施設は、多くの保育実習生を受け入れながら、自らの法人・施設が人材不足にあえいでいても採用につながる例は極めて稀である。それでも保育実習生を受け入れ指導することについては、福祉の心や社会貢献という良識に加え優秀な保育・福祉人材を育てる役割を担えることに意義を感じているからである。

　保育士養成校は、そのような心意気を汲み取り、少なくとも実習指導に困難を来すような学生（障がいに関する基礎知識がないだけでなく、実習意欲や社会常識に乏しいと目される者）については、養成校が、実習に送り出す側として学生を適切に評価・サポートして実習に臨ませる努力をしてほしいと考える。

　将来的には、「2　養成校と知的障がい関係施設の連携・協働」（前頁）で描いたような「連携・協働」が図れるようになれば学生、養成校、知的障がい関係施設の三者にとってのメリットは大きなものとなろう。そのような将来に向けて今できることのひとつとしてでもよいので、学生を適切に評価・サポートして実習に臨ませる努力を養成校あげて取り組まれることを切に願うものである。

資料

○指定保育士養成施設の指定及び運営の基準について（抄）

（平成 15 年 12 月 9 日雇児発第 1209001 号）

注　平成 30 年 4 月 27 日子発 0427 第 3 号改正現在

（別紙 2）

保育実習実施基準

第 1　保育実習の目的

　保育実習は、その習得した教科全体の知識、技能を基礎とし、これらを総合的に実践する応用能力を養うため、児童に対する理解を通じて保育の理論と実践の関係について習熟させることを目的とする。

第 2　履修の方法

　1　保育実習は、次表の第 3 欄に掲げる施設につき、同表第 2 欄に掲げる履修方法により行うものとする。

実習種別 （第 1 欄）	履修方法（第 2 欄）		実習施設 （第 3 欄）
	単位数	施設におけるおおむねの実習日数	
保育実習 I （必修科目）	4 単位	20 日	（A）
保育実習 II （選択必修科目）	2	10 日	（B）
保育実習 III （選択必修科目）	2	10 日	（C）

　備考 1　第 3 欄に掲げる実習施設の種別は、次によるものであること。

　（A）…保育所、幼保連携型認定こども園又は児童福祉法第 6 条の 3 第 10 項の小規模保育事業（ただし、「家庭的保育事業等の設備及び運営に関する基準」（平成 26 年厚生労働省令第 61 号）第 3 章第 2 節に規定する小規模保育事業 A 型及び同基準同章第 3 節に規定する小規模保育 B 型に限る）若しくは同条第 12 項の事業所内保育事業であって同法第 34 条の 15 第 1 項の事業及び同法同条第 2 項の認可を受けたもの（以下「小規模保育 A・B 型及び事業所内保育事業」という。）及び乳児院、母子生活支援施設、障害児入所施設、児童発達支援センター、障害者支援施設、指定障害福祉サービス事業所（生活介護、自立訓練、

就労移行支援又は就労継続支援を行うものに限る）、児童養護施設、児童心理治療施設、児童自立支援施設、児童相談所一時保護施設又は独立行政法人国立重度知的障害者総合施設のぞみの園

（B）…保育所又は幼保連携型認定こども園或いは小規模保育Ａ・Ｂ型及び事業所内保育事業

（C）…児童厚生施設又は児童発達支援センターその他社会福祉関係諸法令の規定に基づき設置されている施設であって保育実習を行う施設として適当と認められるもの（保育所及び幼保連携型認定こども園並びに小規模保育Ａ・Ｂ型及び事業所内保育事業は除く。）

備考２　保育実習（必修科目）４単位の履修方法は、保育所又は幼保連携型認定こども園或いは小規模保育Ａ・Ｂ型及び事業所内保育事業における実習２単位及び（Ａ）に掲げる保育所又は幼保連携型認定こども園或いは小規模保育Ａ・Ｂ型及び事業所内保育事業以外の施設における実習２単位とする。

備考３　児童福祉法（昭和22年法律第164号。以下「法」という。）第６条の３第９項に規定する家庭的保育事業又は、「家庭的保育事業等の設備及び運営に関する基準」（平成26年厚生労働省令第61号）第３章第４節に規定する小規模保育事業Ｃ型において、家庭的保育者又は補助者として、20日以上従事している又は過去に従事していたことのある場合にあっては、当該事業に従事している又は過去に従事していたことをもって、保育実習Ⅰ（必修科目）のうち保育所又は幼保連携型認定こども園或いは小規模保育Ａ・Ｂ型及び事業所内保育事業における実習２単位、保育実習Ⅱ（選択必修科目）及び保育実習指導Ⅱ（選択必修科目）を履修したものとすることができる。

2　保育実習を行う児童福祉施設等及びその配当単位数は、指定保育士養成施設の所長が定めるものとする。

3　保育実習を行う時期は、原則として、修業年限が２年の指定保育士養成施設については第２学年の期間内とし、修業年限が３年以上の指定保育士養成施設については第３学年以降の期間内とする。

4　実習施設に１回に派遣する実習生の数は、その実習施設の規模、人的組織等の指導能力を考慮して定めるものとし、多人数にわたらないように特に留意するものとする。

5　指定保育士養成施設の所長は、毎学年度の始めに実習施設その他の関係者と協議を行い、その学年度の保育実習計画を策定するものとし、この計画において、全体の方針、実習の段階、内容、施設別の期間、時間数、学生の数、実習前後の学習に対する

指導方法、実習の記録、評価の方法等を明らかにし、指定保育士養成施設と実習施設との間で共有すること。

第3　実習施設の選定等

1　指定保育士養成施設の所長は、実習施設の選定に当たっては、実習の効果が指導者の能力に負うところが大きいことから、特に施設長、保育士、その他の職員の人的組織を通じて保育についての指導能力が充実している施設のうちから選定するように努めるものとする。

特に、保育所の選定に当たっては、乳児保育、障害児保育及び一時保育等の多様な保育サービスを実施しているところで総合的な実習を行うことが望ましいことから、この点に留意すること。

また、居住型の実習施設を希望する実習生に対しては、実習施設の選定に際して、配慮を行うこと。

2　指定保育士養成施設の所長は、児童福祉施設以外の施設を実習施設として選定する場合に当たっては、保育士が実習生の指導を行う施設を選定するものとする。なお、その施設の設備に比較的余裕があること、実習生の交通条件等についても配慮するものとする。

3　指定保育士養成施設の所長は、教員のうちから実習指導者を定め、実習に関する全般的な事項を担当させ、当該実習指導者は、他の教員と連携して実習指導を一体的に行うこと。また、実習施設においては、主任保育士又はこれに準ずる者を実習指導者と定めること。

4　保育実習の実施に当たっては、保育実習の目的を達成するため、指定保育士養成施設の主たる実習指導者のみに対応を委ねることのないよう、指定保育士養成施設の主たる実習指導者は、他の教員・実習施設の主たる実習指導者等とも緊密に連携し、また、実習施設の主たる実習指導者は、当該実習施設内の他の保育士等とも緊密に連携すること。

5　指定保育士養成施設の実習指導者は、実習期間中に少なくとも1回以上実習施設を訪問して学生を指導すること。なお、これにより難い場合は、それと同等の体制を確保すること。

6　指定保育士養成施設の実習指導者は、実習期間中に、学生に指導した内容をその都度、記録すること。また、実習施設の実習指導者に対しては、毎日、実習の記録の確認及び指導内容を記述するよう依頼する等、実習を効果的に進められるよう配慮すること。

（別紙3）

教科目の教授内容（抄）

1　目的

　　各教科目の教授内容の標準的事項を示した「教科目の教授内容」を別添1のとおり
　定めたので、指定保育士養成施設の教授担当者が教授に当たる際の参考とすること。

別添1

＜教科目名＞　保育実習Ⅰ（実習・4単位：保育所実習2単位・施設実習2単位）
＜目標＞ 1．保育所、児童福祉施設等の役割や機能を具体的に理解する。 2．観察や子どもとの関わりを通して子どもへの理解を深める。 3．既習の教科目の内容を踏まえ、子どもの保育及び保護者への支援について総合的に理解する。 4．保育の計画・観察・記録及び自己評価等について具体的に理解する。 5．保育士の業務内容や職業倫理について具体的に理解する。
＜保育所実習の内容＞ 1．保育所の役割と機能 （1）保育所における子どもの生活と保育士の援助や関わり （2）保育所保育指針に基づく保育の展開 2．子どもの理解 （1）子どもの観察とその記録による理解 （2）子どもの発達過程の理解 （3）子どもへの援助や関わり 3．保育内容・保育環境 （1）保育の計画に基づく保育内容 （2）子どもの発達過程に応じた保育内容 （3）子どもの生活や遊びと保育環境 （4）子どもの健康と安全 4．保育の計画・観察・記録 （1）全体的な計画と指導計画及び評価の理解 （2）記録に基づく省察・自己評価 5．専門職としての保育士の役割と職業倫理 （1）保育士の業務内容 （2）職員間の役割分担や連携・協働 （3）保育士の役割と職業倫理 ＜児童福祉施設等（保育所以外）における実習の内容＞ 1．施設の役割と機能 （1）施設における子どもの生活と保育士の援助や関わり

（2）施設の役割と機能

2．子どもの理解

（1）子どもの観察とその記録

（2）個々の状態に応じた援助や関わり

3．施設における子どもの生活と環境

（1）計画に基づく活動や援助

（2）子どもの心身の状態に応じた生活と対応

（3）子どもの活動と環境

（4）健康管理、安全対策の理解

4．計画と記録

（1）支援計画の理解と活用

（2）記録に基づく省察・自己評価

5．専門職としての保育士の役割と倫理

（1）保育士の業務内容

（2）職員間の役割分担や連携

（3）保育士の役割と職業倫理

＜教科目名＞　保育実習指導Ⅰ（演習・2単位）

＜目標＞
1. 保育実習の意義・目的を理解する。
2. 実習の内容を理解し、自らの実習の課題を明確にする。
3. 実習施設における子どもの人権と最善の利益の考慮、プライバシーの保護と守秘義務等について理解する。
4. 実習の計画・実践・観察・記録・評価の方法や内容について具体的に理解する。
5. 実習の事後指導を通して、実習の総括と自己評価を行い、今後の学習に向けた課題や目標を明確にする。

＜内容＞
1. 保育実習の意義
（1）実習の目的
（2）実習の概要
2. 実習の内容と課題の明確化
（1）実習の内容
（2）実習の課題
3. 実習に際しての留意事項
（1）子どもの人権と最善の利益の考慮
（2）プライバシーの保護と守秘義務
（3）実習生としての心構え
4. 実習の計画と記録
（1）実習における計画と実践
（2）実習における観察、記録及び評価
5. 事後指導における実習の総括と課題の明確化
（1）実習の総括と自己評価
（2）課題の明確化

<教科目名> 保育実習Ⅱ（実習・2単位：保育所実習）

<目標>
1. 保育所の役割や機能について、具体的な実践を通して理解を深める。
2. 子どもの観察や関わりの視点を明確にすることを通して、保育の理解を深める。
3. 既習の教科目や保育実習Ⅰの経験を踏まえ、子どもの保育及び子育て支援について総合的に理解する。
4. 保育の計画・実践・観察・記録及び自己評価等について、実際に取り組み、理解を深める。
5. 保育士の業務内容や職業倫理について、具体的な実践に結びつけて理解する。
6. 実習における自己の課題を明確化する。

<内容>
1. 保育所の役割や機能の具体的展開
（1）養護と教育が一体となって行われる保育
（2）保育所の社会的役割と責任
2. 観察に基づく保育の理解
（1）子どもの心身の状態や活動の観察
（2）保育士等の援助や関わり
（3）保育所の生活の流れや展開の把握
3. 子どもの保育及び保護者・家庭への支援と地域社会等との連携
（1）環境を通して行う保育、生活や遊びを通して総合的に行う保育
（2）入所している子どもの保護者に対する子育て支援及び地域の保護者等に対する子育て支援
（3）関係機関や地域社会との連携・協働
4. 指導計画の作成・実践・観察・記録・評価
（1）全体的な計画に基づく指導計画の作成・実践・省察・評価と保育の過程の理解
（2）作成した指導計画に基づく保育の実践と評価
5. 保育士の業務と職業倫理
（1）多様な保育の展開と保育士の業務
（2）多様な保育の展開と保育士の職業倫理
6. 自己の課題の明確化

<教科目名>　保育実習Ⅲ（実習・2単位：保育所以外の施設実習）
<目標> 1. 既習の教科目や保育実習の経験を踏まえ、児童福祉施設等（保育所以外）の役割や機能について実践を通して、理解する。 2. 家庭と地域の生活実態にふれて、子ども家庭福祉、社会的養護、障害児支援に対する理解をもとに、保護者支援、家庭支援のための知識、技術、判断力を習得する。 3. 保育士の業務内容や職業倫理について具体的な実践に結びつけて理解する。 4. 実習における自己の課題を理解する。
<内容> 1. 児童福祉施設等（保育所以外）の役割と機能 2. 施設における支援の実際 （1）受容し、共感する態度 （2）個人差や生活環境に伴う子ども（利用者）のニーズの把握と子ども理解 （3）個別支援計画の作成と実践 （4）子ども（利用者）の家族への支援と対応 （5）各施設における多様な専門職との連携・協働 （6）地域社会との連携・協働 3. 保育士の多様な業務と職業倫理 4. 保育士としての自己課題の明確化

＜教科目名＞　保育実習指導Ⅱ又はⅢ（演習・1単位）

＜目標＞
1．保育実習の意義と目的を理解し、保育について総合的に理解する。
2．実習や既習の教科目の内容やその関連性を踏まえ、保育の実践力を習得する。
3．保育の観察、記録及び自己評価等を踏まえた保育の改善について、実践や事例を通して理解する。
4．保育士の専門性と職業倫理について理解する。
5．実習の事後指導を通して、実習の総括と自己評価を行い、保育に対する課題や認識を明確にする。

＜内容＞
1．保育実習による総合的な学び
（1）子どもの最善の利益を考慮した保育の具体的理解
（2）子どもの保育と保護者支援
2．保育の実践力の育成
（1）子ども（利用者）の状態に応じた適切な関わり
（2）保育の知識・技術を活かした保育実践
3．計画と観察、記録、自己評価
（1）保育の全体計画に基づく具体的な計画と実践
（2）保育の観察、記録、自己評価に基づく保育の改善
4．保育士の専門性と職業倫理
5．事後指導における実習の総括と評価
（1）実習の総括と自己評価
（2）課題の明確化

おわりに

　保育士養成にとって、重要なテーマである保育実習指導に関して、実習指導の基礎的条件を整備し、その標準的な事項を共有していくことが不可欠であるとして、報告書「効果的な保育実習のあり方に関する研究Ⅲ〜保育実習指導のミニマムスタンダード〜」が2005（平成17）年に策定された。2年後、「保育実習のミニマムスタンダード〜現場と養成校が協働して保育士を育てる」が全国保育士養成協議会編で刊行され、多くの養成校の実習指導教員により指導の基本として活用されてきた。

　その後、第Ⅰ部で示したように、2008（平成20）年の保育所保育指針の改定を基盤にした保育士養成課程の改正、さらに2018（平成30）年施行の改定保育所保育指針が検討される中で、これからの保育士養成課程に対応した『保育実習指導のミニマムスタンダード』策定への要望が高まっていった。新設養成校の増加や新規採用養成校教員の増加も、その要望を後押しする中で、2016（平成28）年7月、「『保育実習指導のミニマムスタンダード』編集委員会」が発足し、「保育実習指導のミニマムスタンダード　2017年版」の編集に取り組んだ。

　編集にあたっては、養成校と実習現場が連携・協働して効果的な実習指導にあたることを願って、実習施設長等（保育所・乳児院・日本知的障害者福祉協会）にも編集への参加と執筆をお願いした。また、保育実習指導のベースとなる「ミニマムスタンダード」の内容に加えて、最近の全国保育士養成協議会専門委員会の課題研究の知見等を活かした発展的・先駆的事例も紹介することとした。

　さて、本書は、「保育実習指導のミニマムスタンダード　2017年版」をもとに、2018（平成30）年施行の保育所保育指針、2019（平成31）年施行の保育士養成課程を視野に入れて編集したものである。

　しかし、本書は、依然十分な論議を経たという段階には至っていない。今後、読者の皆様と共に検討を重ね、より効果ある実習指導に資する、また、多くの養成校と実習施設等の活用に資するミニマムスタンダードにしていくことが、必須の課題である。

書籍編集担当　　増田まゆみ（代表）

上垣内伸子

原　孝成

和田上貴昭

保育実習指導のミニマムスタンダード 編集委員

2018 年 5 月 1 日現在

網野武博 （全国保育士養成協議会常務理事 元東京家政大学特任教授）

石川昭義 （仁愛大学教授）

太田和男 （日本知的障害者福祉協会常任理事）

上垣内伸子（十文字学園女子大学教授）

北野久美 （全国保育士会副会長 あけぼの愛育保育園園長）

髙橋貴志 （保育士養成研究所副所長 白百合女子大学教授）

那須信樹 （中村学園大学教授）

原孝成 （目白大学教授）

増田まゆみ（保育士養成研究所副所長 元東京家政大学教授）

松島京 （相愛大学准教授）

三浦主博 （東北生活文化大学短期大学部教授）

矢藤誠慈郎（保育士養成研究所副所長 岡崎女子大学教授）

山本朝美 （全国乳児福祉協議会協議員 小鳩の家・小鳩乳児院施設長）

和田上貴昭（日本女子大学准教授）

保育実習指導のミニマムスタンダード Ver.2
「協働」する保育士養成

2018 年 7 月 1 日　発行

編　集─────────一般社団法人全国保育士養成協議会
発行者─────────荘村明彦
発行所─────────中央法規出版株式会社
　　　　　　　　　　〒110-0016　東京都台東区台東 3-29-1　中央法規ビル
　　　　　　　　　　営　　業　Tel 03（3834）5817　Fax 03（3837）8037
　　　　　　　　　　書店窓口　Tel 03（3834）5815　Fax 03（3837）8035
　　　　　　　　　　編　　集　Tel 03（3834）5812　Fax 03（3837）8032
　　　　　　　　　　https://www.chuohoki.co.jp/

印刷・製本─────────株式会社アルキャスト
装幀・本文デザイン───株式会社ジャパンマテリアル

定価はカバーに表示してあります。
ISBN978-4-8058-5686-4

本書のコピー、スキャン、デジタル化等の無断複製は、著作権法上での例外を除き禁じられ
ています。また、本書を代行業者等の第三者に依頼してコピー、スキャン、デジタル化することは、
たとえ個人や家庭内での利用であっても著作権法違反です。
落丁本・乱丁本はお取り替えいたします。